考えないこと
ブッダの瞑想法

スリランカ上座仏教長老
アルボムッレ・スマナサーラ

大和書房

はじめに

人には誰でも悩み、苦しみがあります。

この悩みや苦しみに対して、各宗教は祈祷《きとう》、おまじない、呪文、儀式、超能力など、いろいろな技法を繰り出して、悩み、苦しみを解決しようとしてきました。

ブッダの生きていた時代、約2600年前のインドにも、すでにたくさんの宗教があり、それらの宗教はそれぞれに「幸福への道」を説いていました。

いくつかは、かなりの規模になり、初期の仏教を凌ぐ権勢を誇っていました。そのうちの六つは、「六師外道《ろくしげどう》」と名づけられて仏教の経典にも登場します。現代インドの多数派宗教であるヒンドゥー教も、その原型はブッダの時代から存在していました。

それらの諸宗教、現代のキリスト教やイスラム教なども含めた宗教とブッダの教えとの最大の違いは、ブッダはいつでも自分の心と体で確認できる教えを説いたこと、そして、ふつうに生活している人が取り組めるような実践をすすめてきたことにあります。

ブッダは、きわめてシンプルかつ論理的で、誰もが目にして、手にとれる具体的な事実をベースに、誰でも実践できる幸せへの道を説いたのです。

ブッダは現にあるもの、見えることから出発して、「こうすれば幸せになれますよ」という教えを伝えますが、それを決して押しつけたりはしません。教えを提示し、やり方を示して、やるかやらないかはその人の自由にまかせるのです。やってみて、ブッダがもし間違っていると思ったら離れてもよし、正しいと思ったら続けてもよし、というスタンスです。

つまり、〝科学的に心を育てる〟ことを教えているのです。そこには神秘的なものが入り込む余地は、決してありません。だからこそ2600年の時を超えて、科学技術の高度に発展した現代でも、ブッダの教えは支持されているのだと思います。

〝科学的に心を育てる〟方法の一つに瞑想があります。

瞑想をするときは、宗教・信仰・しきたり、衣装・法具、食事制限……、どれも必要ありません。また、瞑想の実践は、自分自身の努力の結果なので、誰かを称賛したり、誰かに仕えたりすることも必要ありません。

とても合理的・科学的でシンプルな実践方法です。あいまいなところや神秘的な難解さもまったくありません。誰でも、いつでもどこでもできて、しかも驚くような効き目があります。瞑想の実践ではじめて人間は幸せを得られる、それ以外の道はないとブッダはおっしゃっています。なによりブッダ自身が、この瞑想で最高の悟り（無《む》上正覚《じょうしょうがく》）

に達したのです。

この瞑想実践を、いつでもどこでも正確にできる方法を本書で紹介します。試してみれば、心が元気になって2～3日のうちに、手ごたえのある幸福感を実感できるようになると思います。

毎日欠かさず実践することで、ストレスに打ち勝つ心と、悩みや苦しみを乗り越える智慧を得られるでしょう。

アルボムッレ・スマナサーラ

考えないこと——ブッダの瞑想法　目次

はじめに――3

Prologue

悩みや苦しみは妄想から生まれる――14
「食べる瞑想」で空性の心を体験する――24
思考しないこと――30

第1章 毎日手を洗うように心を洗う

すべての問題は、「私」がつくり出している――34
「願うこと」は非合理的――40
「今、ここにいる」ことを知ること――46
「心」が体をコントロールする――50
シンプルなアクションを観察する――54

第2章 慈悲の瞑想──「やさしさ」を通して心を整える

冷静で落ち着いた心をつくる──58
ステップ1 私の幸せを願う──62
ステップ2 親しい生命の幸せを願う──64
ステップ3 生きとし生けるものの幸せを願う──66
オプション 自分の嫌いな生命、自分を嫌っている生命の幸せを願う──68
慈悲の瞑想の終わり方──70
幸せのエネルギーを育てる「いつくしみ」の力──86

第3章 ヴィパッサナー瞑想──思考を手放す

「今、ここ」にあることに気づく──92
ノンストップで、超ゆっくり、体の感覚を感じること──104
「立つ瞑想」──112
「歩く瞑想」──122

「座る瞑想」――130

第4章 いつでもどこでも「ながら」瞑想

日常のアクションで瞑想する――152
つまらないルーティンを観察するほど、ものごとは好転する――158
怒りを消す方法――166
嫉妬を消す方法――170
停滞しているときは、やめてみる――174
執着しないこと――178

第5章 瞑想と心の関わりについて

何でもフィルターをかけて見てしまう心のはたらき――182

感情には釣られない――190
瞑想で見えてくる「智慧」――196
ゆれ動く心をモニターする――202
瞑想Q&A――214
おわりに――220

本書は、小社より出版された『心がフッと軽くなるブッダの瞑想』（2010年）に、大幅な加筆・修正をし、書き下ろし（prologue）を加えて構成・編集したものです。

Prologue

Prologue

悩みや苦しみは妄想から生まれる

いらない思考をいったん止める

日常生活の中で、私たちは何かに失敗したり、トラブルを起こしたり、うまくいかないと思うことがよくあります。そして派手に悩みます。毎日、悩みをいっぱい抱えて、心配しながら眠るので、ろくに寝られない。疲れがとれないまま、また朝早く起きなくてはならないのです。

それって、全然おもしろくないし、笑えない状態でしょう。朝、目が覚めるとニコニコして、夜、布団に入る度に、またニコニコと「今日はよかったなあ」と思える人生にはなっていないのです。

私たちの人生で起こるすべての悩みや苦しみ、不安の原因は何なのでしょうか？それは現実離れした思考や妄想である、とブッダは教えました。ブッダは、「妄想という〈悪魔〉を退治することです。現実と関係のない、いらない思考や妄想を、いったん止めてみなさい」と説いたのです。

実際、妄想をし始めるとキリがないことは、あなたも経験済みでしょう。**悩みや苦しみに押しつぶされそうなときは、思考をいったん止めて、妄想を排除して、「今の気持ちはどう?」と感じてみることです。**

でも、どうやって? そこでブッダは、瞑想というアプローチを提案されるのです。

妄想することはだいたい過去か未来のこと

ブッダに叱られるかもしれませんが、理解を進めるために、あえてちょっとだけ妄想してみましょう。

1週間後に南海トラフ地震が来るとしたら、どうしますか?

「私が予言します。来週、南海トラフ地震が起こりますよ」と誰かにささやかれて、そんな概念が頭に入ったら、さして証拠がなくても、もう居ても立っても居られなくなってしまうでしょう。

でも、慌てる必要はあるのでしょうか？　大震災が起きたら起きたで別にいいのではないですか？　家がつぶれてもつぶれなくても、どうせ私たちは死ぬのですから。ガンで死ぬにせよ、認知症になって死ぬにせよ、事故で死ぬにせよ、津波で流されるにせよ、どうせ死ぬのです。いつか死ななくてはいけないのですから。それはその時の流れなのです。

自分で決められることではありません。だから、その時になったら適切に対応すればいいのです。

私たちが妄想する場合、それは決まって過去のことか未来のことです。たとえば、天ぷらを揚げているとします。高熱の油で具材を揚げながら、「子どもは何時に帰ってくるのか」「帰りがいつもより遅い」と妄想してみてください。次々に湧き出す妄想に気をとられているうち、天ぷらは焦げてしまいます。それだけならまだしも、油に引火して火事になったら大惨事になりかねません。

そんなことにならないよう、天ぷらを揚げるときは、丁寧に一つずつ「はい、油に入れます」と〝実況中継〟して、きちんと確認しながら揚げれば、油も飛び散りません。「できあがりました。次を揚げます」と調理に集中すれば、その間、思考や妄想は湧き上がりません。過去にも未来にも引っ張られず、今に集中している心の状態は、ストレスが消え安穏になっているはずです。

実況で心が安らぎストレスも消えていく

今、実況中継という言葉を使いました。これがブッダの瞑想のカギなのです。その瞬間、瞬間を絶えず実況中継していると、集中して忙しいので、よけいなことを考えたり、妄想したりする余裕がなくなります。気がつくと心が安穏になっています。これだけでストレスも消えていきます。

「今、この瞬間に集中する」ことは、「過去を捨てて、未来も捨てて、現在に生きる」ということです。

そうすると、おもしろおかしく人生を過ごすことができます。

この「今の瞬間の心」を指す言葉に「空《くう》」という仏教用語があります。正確にいえば「空性《くうしょう》」です。サンスクリット語では「シューニャター(śūnyatā)」、「**一切の**

現象は空であること」という意味です。

ですからよく知られた『般若心経《はんにゃしんぎょう》』で、「色《しき》は空《くう》なり（色即是空《しきそくぜくう》）」としているのは少々言葉足らずで、正しくは「色は空性なり（色即是空性）」なのです。

空性という、何もない状態に心を保ってみる。難しいことのように思うかもしれませんが、みなさんも空性の心を日常生活で体験できます。詳細は本文に譲りますが、何の基礎知識もなしに、ここでやってみましょう。

用意するものは、片手で持ち上げられる程度のスマホ、カード、マグカップなど身のまわりの小物でけっこうです。

まず、机の上の右側に用意したものを置きます。それを心の中で実況中継しながら、机の左側へと運びます。用意したものを手にとって、机の右から左へ移動させる、たったこれだけです。

実況するときは一切何も考えないこと。私たちは、もう考えることが病気のようになっていて、末期状態です。それをストップするために実況中継します。実況することは、あくまで思考を止めるための方便です。

まず、手を膝の上に置きましょう。置き方は自由です。ただし、その位置はおぼえておきます。

ここから自分の動作をコマ送りのように区切り、それを観察します。動作はできるだけゆっくり行います。

「(手を)上げる、伸ばす、下げる、(ものを)とる」

という具合に、動きをひとコマずつ区切ってください。動作を切れ目なく実況するのがコツです。このひとコマごとの動作を完璧にやれば、悩みは生まれません。失敗もないのです。実際に実況中継するときは、

「(膝から手を)上げる、上げる、上げる」

これで一コマ。(　)の中は説明用に示しているので、実況では不要です。次は、

「(手を)伸ばす、伸ばす、伸ばす」「(手を)下ろす、下ろす、下ろす」

「(ものを)とる、とる、とる」。

ゆっくりでいいので、完璧にやります。今度は手にとったものを移動します。

「(手を)上げる、上げる、上げる」「(ものを)運ぶ、運ぶ、運ぶ」。

「下ろす、下ろす、下ろす」「(ものを机の左側に)置く、置く、置く」

そして最後は、手を膝の元の位置へ戻します。

「（ものを離した手を）上げる、上げる、上げる」「（膝へ）戻す、戻す、戻す」「（手を）下ろす、下ろす、下ろす」「置く、置く、置く」

これで前半が終了です。ここまでを1分くらいかけて行ってください。

過去も未来もない空っぽの心

この瞑想をすることで、心が空性になるのです。過去も未来も何もない。それが「悟りの心」です。

今、私たちはちょっとした模擬状態で空性を体験していますが、繰り返し実践して、悟りにまで達したら、いつでも心が空性なのです。心が空性だったら、その心から、何でもつくることができます。つくってまた元に戻すこともできます。海の波と同じです。波というのは、寄せては返しの繰り返しで、キリがないでしょう。一つの波があらわれて、また引いて、元に戻ってゆく。そこで、もしもあらわれた波が引かなかったら、どうなるでしょうか？　波が止まったら、船も航海できなくなってしまうのです。

私たちのふだんの心は、そういう状態でいるのです。思考があらわれて、ずっと居座ってしまう。だから、身動きできないのです。それに比べて、空気はどうでしょうか？　空気は誰とも対立しません。どこにでも入っていきます。空気はどこにも入っていくけれど、誰とも戦わないのです。

紙コップがその形を保っているのは、本当は空気のおかげです。空気が消えてしまうと、紙コップは粉々になるのです。

そのように、**空性ということは、すべてを支えているけれど、一切の現象と対立しないのです。**みなさんにも、そういう心をつくってほしい。「空性の心」をつくる秘訣は、こうやって実況中継してみることなのです。ここで紹介したのは、とてもシンプルなやり方ですが、真理を発見するための大切なレッスンです。

「元に戻す」＝リセットする

瞑想の後半は、机の左側へ移動したものを右側へ戻し、手を元あった膝の上に置くまでです。実況中継の仕方は変わりませんが、カードや手を「元に戻す」ということがここでのポイントになります。形をとっているものには、自分にふさわしい場所があります。形をとった時点で、場所は決まっています。

私たちの記憶力、ものごとをおぼえる能力が、この「元に戻す」という行為で抜群に開発されます。

私が講演をするとき、その日に話す内容は会場へ向かう車の中とか、ある瞬間にパッと考えてしまいます。「今日は何を話そうかな」「こういうふうにしゃべろう」と、瞬時に決まります。

講演用のスライドをパワーポイントでつくると2時間くらいかかるのですが、記憶しているデータは頭の中に瞬間で出てきます。見栄を張っているわけではないのです。これも、心に空性を習わせているからできることなのです。

ですから、瞑想の最後は意識をして、ものと手を元の場所へ戻してください。

この一連の動作に前半1分、後半1分の計2分ほどかけてください。

集中を切らすので時計は使わず、ゆっくり、穏やかな気持ちで、しかし完璧に取り組んでください。「瞑想なんて超カンタンだ」、そんな気分でラクに、楽しく行えばいいのです。

ゆっくり、美しく、気持ちよく、

「上げる、上げる、伸ばす、伸ばす、下ろす、下ろす」

そうやって、喜びを感じながらやってみてください。

終わったら、そこで一度チェックしてみましょう。実況の間はどんな心の状態でしたか?

何も考えていなかった、怒りがなかった、欲がなかった、苦しみや悩みがなかった、嫉妬がなかった、自我がなかった……。

どれか一つでもあてはまれば、瞑想中の心が完全に清らかだった証《あか》しです。その心のありようが純粋に清らかな心、無色透明の空性の心なのです。

たった2分ほどの瞑想で、あのブッダが、大阿羅漢《だいあらかん》たちが、大聖者たちが体験した無色透明の心を、たとえ一時的であっても体験できるのです。

Prologue

「食べる瞑想」で空性の心を体験する

空性で食べる

空性の心を実体験するのに、もう一つ恰好な例があります。食事をするときに、空性の心で食べるのです。

ふだんは「ちょっと味が薄いな」とか「冷めておいしくない」など、自我丸出し、つまり主観丸出しでしている食事を、「自我のない心」でとってみてください。すると、おどろくような智慧《ちえ》があらわれます。

たとえば、ご飯を食べます。日本人なら食べ慣れたものですね。もちろん、お米の種類で味が違ってきますが、ただ食べていれば、お米はどれもだいたい同じ味と思っていませんか？　ところが違うのです。

口に入れたご飯は、同じものを二度と食べられません。一度きり、1回だけです。食べたらおなかの中に入って、永久的に消えるわけです。

だから、1回ご飯を口に入れて噛んで味わって食べたら、次に口にするご飯は別の味を持っているのです。たとえば、40回ぐらいご飯を口に運んだら、40通りの味になるはずなのです。

実際に空性の心でご飯をいただくと、もっと微細な変化に気づきます。噛む度に味が変わります。ご飯を入れたときの味、噛んだときの味、もう1回噛んだときの味。そしてのみ込むときは、口の中の味がゼロになるのです。それが実感できます。

たとえば、瞑想しながら柿を食べたとします。

まず切って「(口に)入れて、入れて、入れて、噛む、噛む、噛む、味わう」。

そうやって、柿を噛み切ってみてください。おいしく感じます。歯応えもあります。実況中継しながら噛み続けていると、果肉がなくなるにつれて甘みも変わってきます。そしてほとんど液体になる。そしてご飯と同じように、ほぼ味がない状態になります。

この一連の味や歯触りの変化を、コマ送りのように鮮やかに体感できます。

こうした体験をすると、自分が今まで幻覚の中で生きていたこと、真理の世界は膨大で深遠であることを思い知らされます。

自我を使わない食事

「空性の心で食べる」の延長で、ぜひ「食べる瞑想」を試してみてください。

食べる瞑想のポイントは、「食べるとき誰ともしゃべらないこと」「自我を使わないこと」「実況中継しながら食べること」の三つです。

先ほど説明した要領で、ゆっくり行います。箸をとる場合は、

「(手を)伸ばす、伸ばす、伸ばす。(箸を)とる、とる、とる」

箸で食べ物をとって口に運ぶときは、

「(箸を)伸ばす、伸ばす、伸ばす。(おかずを)とる、とる、とる」

「(口に)運ぶ、運ぶ、運ぶ。(口を)開ける、開ける、開ける」

食べ物を口に入れたら一度箸を戻し、手も元のところに戻します。戻したら、

「噛む、噛む、噛む。味わう。噛む、噛む、噛む。味わう。のみ込む」

などと実況します。

実況中に「おいしい」という言葉は使いません。おいしいと感じるのは「自我」だからです。瞑想は無我の世界なので、客観的に「味わう」と表現します。

こうやって**観察しながら実況すると、体の細胞たちがしっかり集中して、食べ物を受け入れる態勢になります。**

煩悩が見えてくる

食べる瞑想をすると、すぐ煩悩《ぼんのう》が見えてきます。これまで、いかにガツガツと、いら立ちの気持ちで食べていたかに気づきます。

たとえば、満腹でも「もったいないから」といって余りものを食べませんか？もったいないからと無理に食べるものは、すべて体に悪い影響を与えます。「もったいない」というのは、自分の欲、自我だからです。体は物体です。物体を維持するにはエネルギーが必要ですが、それにも程度というものがあります。

自動車に燃料を入れるとき、たくさん入れたいからとシートの中にも入れますか？　入れないでしょう？　タンクが満タンになれば、十分なはずです。

体も同じこと。適量でやめておけばいいのに、よけいな考えが、自我が邪魔をして食べすぎてしまうのです。

しかし、瞑想で食べるときは、必要な分量の食べ物が口に入ります。そして最適な栄養がチャージされます。体が自然にそうするのです。

心が安穏だと、体に最適な食事ができる

これを食べたら脳にいいとか、あれは肝臓にいいとか。体のことを考えて、食べものを選ぶことにも一生懸命です。食べもののことで頭を悩ませます。

しかし、仏教がすすめる安穏の心である空性の心になれば、そんな必要はなくなります。

毎日、ご飯と納豆だけ食べても、心が安穏であれば栄養失調になりません。生命の法則にまかせておけばいいのです。

「あれが体にいい」「これを食べたい」と自我を出したところで、間違ってしまう

のです。

「我はいる」と思った時点で、地獄の門がドーンと開くのだとおぼえておいてください。

空性の心とは、我はないという真理、「無我」に安らいだ心でもあるのです。

Prologue

思考しないこと

空性の心と自我

日常生活のさまざまなシーンで行えるのが、ブッダの瞑想の特徴です。いつでも、どこでもできるので、時間も場所もフレキシブルに選べます。

たとえば、台所で食器を洗っているとき、掃除機で部屋を掃除しているとき、買い物に出たときでも瞑想ができます。通勤途中の道すがら、オフィスで仕事をしているスキマ時間でもできるのです。

先ほど紹介した食べる瞑想も、そのひとつです。いつもやっている「食べる」というマンネリの行為であっても、瞑想をとり入れることで、まったく新しい世界が開けてくるのです。

しかし、瞑想を何かの目的のために実践すると、その結果が出るまでにものすごく時間がかかります。それは食べる瞑想でも指摘したように、「自我」が入り込むことで空性の心が成り立たなくなるからです。

自我というのは錯覚です。自我という錯覚からあらゆる煩悩、つまり心の汚れが生まれます。自我は決して実在しないのです。**体にある眼・耳・鼻・舌・皮膚という感覚器官にそれぞれの対象が触れる度に、自我という錯覚が仮にあらわれるだけ。その錯覚に基づいて、私たちはあれこれと考えているのです。**

ですから、考えることはまるっきり当てにならないのです。錯覚に基づいて思考、つまり妄想しているからこそ、私たちは苦しくて不条理な世界をつくっているのです。

世の中というのは、いつでも因果法則の流れです。法則に反して、強引に自我の流れをつくろうとしても、決してスムーズに流れません。

私が「今日、暖かくなってほしい」と思っても、暖かくなってくれないようなものです。明日は雨ではなく、雪が降ってほしいと思ってもそうはならないのです。ですから、無我を感じてください。**自我の錯覚を破って、無我を感じてください。**無のこころ、空性のこころを、実況中継で感じてみてください。それで、この俗世間を乗り越えた真理の境地に達することが、みなさまにできると思います。

プロローグでは、「実況中継」というブッダの瞑想のエッセンスをかんたんにご紹介しました。「空性」というキーワードで、瞑想によって体験できる心の自由も説明しました。本文ではより詳しく、ブッダの瞑想の世界へとご案内したいと思います。

第1章

毎日手を洗うように心を洗う

すべての問題は、「私」がつくり出している

悩みや問題が起きる原因

これから本格的な瞑想の説明を始める前に、何のために瞑想をするのか、という問題を少し考えてみたいと思います。

僧侶である私のところへは、いろいろな相談が持ち込まれます。そのほとんどが、心の外に何か「原因」を求めて、そこに責任があるかのようにみなす「悩み」ばかりなのです。

でも本当は、自分の外に「原因」などありません。

「原因」があるとすれば、その人の心の問題だけです。

このことをまず考えてみましょう。

あなたは、「生きる」とはどういうことだと考えていますか？

生きる目的は何か、どのように生きればよいのか、成功を収めて生きるとはどう

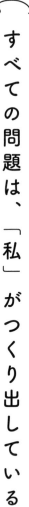

いうことか、などの疑問は、人の頭をふつうに横切るものです。

しかし、納得のいく答えは出てこない。それは生きることに対して人それぞれ、さまざまな価値観や人生観が投影されるからでしょう。

ある人にとっては、たくさん稼いで、財産を蓄えることが「生きる」ことかもしれません。またある人にとっては、偉くなって、多くの人から認められるのが「生きる」ことかもしれません。

その他、健康に病気をしないで生きたいとか、格好のいい人と結婚をしたい、歳をとってもシワのない顔や体でいたい、若々しくいたいということが「生きる」ことかもしれません。

これらをまとめると、つまるところ生きるとは、さまざまな業績をつくったり、いろいろなものを集めたりする、ということに尽きるのではないか、と見えてきませんか？

人間は、毎日必死になって「もの」を集め、業績を集めています。この場合、物質的な「もの」だけでなく、概念的な「もの」も入ります。家やクルマ、洋服や電化製品などの持ち物だけでなく、現金、株、債券、土地、子どもなども「もの」という単語に入るのです。

業績には仕事の業績や学業の成績も入りますし、社会的地位や名声なども含まれます。

しかし、少し観察してみてください。天災や戦争が起きれば、それまでどんなにお金や宝石をためこんでいたとしても、何の意味もありません。死ぬ人は死ぬし、ケガをする人はするのです。

ふつうに生活していても、ケガや病気、予測できないことはたくさんあります。夫婦で旅行しようと思って一生懸命お金をためていたら、夫が病気で倒れ、貯金や計画が無駄になってしまったとか、子どもが大きくなったときのために家を増築したけれど、部屋が増えたとたんに留学が決まって、その部屋が必要なくなった……などというのは、よくあることではないでしょうか？

お金も、業績も、家も、財産も、とにかく「もの」は、人がどんなに大切にしていようとも、決してあてにはならないのです。

ものだけでなく、人間は、自分一人でただ生きることさえ自分の自由にはなりません。どんなにお金があっても、どんなに貧乏でも、完全に自由に生きている人などいません。決められた時間に寝て、決められた時間に起きて、決められたものを決められたように食べているだけでしょう。それを幸せだ、自由だといっていますが、どこが自由なのか。

本当に自由ならば、食べることくらいは自由にしてもいいのに、食べる時間も食べ方も、ほとんどの人は決められたようにしています。

何にも頼らない心をつくる

このことを、ブッダは、パーリ語（ブッダの時代のインドの言葉）で、「アッター・ヒ・アッタノー・ナッティ（Attā hi attano natthi）」という言葉でおっしゃいました。

これは、直訳すれば「**自分には自分さえもないのだ**」という意味です。自分には自分がある、つまり自分だけは頼れると思っても、それもあてにならない。病気になったり、気が変わったり、周囲の事情が変わったりして、自分をあてにできなくなる、そんなことはあたりまえなのだという意味です。

自分さえあてにならないのですから、この世には本当に自分の自由になるものなどありません。

「自分もあてにならない」ということについて、もう少し説明します。

ふつう私たちは、豊かになればなるほど幸せになれると思っています。でも本当にそうでしょうか？

家の中に高価な宝石や壺があれば、掃除ひとつにも気を遣います。安いものなら壊してもあまり気になりませんが、何千万円のものが壊れたら、大変なストレスですよね。

つまり、豊かになればなるほど、その豊かさに比例して苦しみも大きくなります。

私たちは生きている以上、幸せになりたいと思い続けています。しかし、「もの」を追い求めても、それは叶わないのです。

それどころか、「もの」にとらわれ、それを追い求めることが、不幸の原因になります。「自分」にさえ頼れないのに、世の中の「もの」に頼れるでしょうか？

何にも頼ってはいけません。頼れるはずのないものに頼るから、期待と失望を繰り返し、生きることが楽しくなくなるのです。

つまり、すべての悩みや問題の原因は「心」にあるのです。**心以外の何かに原因を求めても、何も解決しません**。心以外に原因を求めて、ものを集めたり増やしたりしても、決して幸福への道は開けません。むしろ逆に、不幸への道をまっしぐらです。

何にも頼らない強い心をつくる。それこそが仏教でいう「解脱《げだつ》」です。もちろん、解脱というのは誰にでもできることではありません。

しかし、みなさんが日常言われるような「悩み」でしたら、たちどころに解消できる方法があります。それが、これから説明する瞑想です。

「願うこと」は非合理的

その願いごとは矛盾していませんか？

相談に来た人の身の上話をたった数分間聞いただけで、「あなたの前世はこうだった」「死んだ母の霊がついている」などと診断する人がいます。悩みや苦しみ、病気の原因はそこにあるというのです。「スピリチュアル」と呼ばれているそうです。

インドに行けば、この種の人はたくさんいます。ヒーリング（healing）といって病気治しを請け負う、れっきとした職業があります。インドだけでなく、ヨーロッパにもアフリカにもいます。

この他にも、別の世界と交信できるというチャネリング（channeling）、神や宇宙との合一を説くトランスパーソナル（transpersonal）などたくさんあります。

仕事が上手くいったらいいなあとか、いい結婚相手に出会えたらいいなあとか、顔が美しくなったらいいなあとか、自分のいろいろな望みが叶ったらいいなあとか、夢のような、合理的でない願望や希望を、人間は持ってしまいます。しかし、こういう願望は矛盾だらけです。

たとえば、長生きしたいと思う一方で、いつまでも若々しくいたいとも思っています。これは矛盾しています。長生きをするということは、老いて衰えた姿になるということですから、長生きをすれば若々しくはいられません。

また、長く生きていれば、人間は必ず病気になります。代表的なものは、ガンです。若いときにかかると、非常に速くガンは成長し、激しく痛みますが、歳をとってからかかる場合は、必ず痛むというわけではありません。自覚がないときさえあるのです。昔は見つからなかったような小さなガン細胞も発見できるようになったことで、「あなたはガンですよ」と医師から告げられても、本人は自覚症状がなくて、ピンピンしていたりします。

つまり歳をとることで、人間の体はだんだん鈍感になるわけです。体のどこかで細胞が異常増殖しても、痛みを感じなくて済みます。だから穏やかに病気になり、穏やかに死ぬことができる。そういう準備を、体のほうでしてくれているのです。

願っても、結果は変わらない

たとえば「試験で一番になりたい」という願望を持つとします。一番というのは一人です。挑戦する全員が一番になるわけではありません。一番になりたいと願望した時点で、自分も知らない、たくさんの受験者たちがライバルになるのです。その人々をどのように抑えればよいのかなど、ふつうはわからないし、できることでもありません。

見ず知らずのライバルと競争するという願望は、矛盾です。よく知っている人なら、競争できます。しかし、なぜよく知っている人と競争する必要があるのでしょうか？　ライバルではない、敵ではないからこそ、知っている人になったのです。ですから、この願いも矛盾しています。

願ったからといって、それだけで一番になることは成り立ちません。それは受験者の能力によって決まることです。その願望は、一番にならなかったら大きな悩み、苦しみ、落ち込みをつくります。

一方で、精いっぱいがんばった結果なら、どんな学校に入ることになってもかまわないと思ったとしましょう。この考えは、弱き者の思考とはいえないのです。一番になるという願望を持ってがんばっても、結果を気にしないで自分の力いっぱいがんばっても、結果は同じです。よけいな願望をつくると、その分よけいな苦しみが生まれるだけです。

願望なく精いっぱいがんばった人が、もし一番になったならば、大変な喜びを感じます。しかし一番になる願望があった人が、希望どおりに一番になっても、びっくりするほどの喜びはないのです。

この話のポイントは、**願望によって結果は左右されない**、ということです。誰でも、精いっぱい努力するのはあたりまえのことです。そのうえ、一番になりたいという願望をつくったところで、それはよけいな感情にすぎないのです。それどころか気楽に努力することを妨げます。**願望とは「感情」なので、合理的ではないのです。**

ところが、いわゆる宗教では、こういう矛盾した人間の欲望のあり方を分析したり吟味したりしません。人の願望をそのまま応援します。自分の教えを守ってお祈りや祈祷《きとう》をすれば救われると説くのです。

たとえば、ある宗教は、自分たちの仲間になれば、天国で生まれ変わると説きます。それが本当かどうか、どうやってたしかめるのでしょうか？　死んだ後にどうなるかをたしかめるには、まず自分が死んでみるほかありません。

ということは、今まだ生きていて死後がどうなるかを説いている人がいれば、その人は自分で見たことのない、体験したことのない話をしていることになります。

仏教が他の宗教と違うのは、ブッダの教えは、誰でも見て体験できることにだけ基づいており、実践すれば即座に結果が得られるという点です。

もしブッダの教えが間違っていると思うなら、そのどこが間違っていてどこが間違っていないのか、きちんと自分の頭で判断して、自分の考えを言ってよいことになっています。

仏教は「科学的な教え」です。一般的な観点からすると、宗教とはいえないほど、科学性は徹底しています。科学的というのは、この場合、きちんと結果が出てくるということ、そして、話の内容が本当かどうか、自分でたしかめられるということです。

心の中で起きていることに気づく

瞑想の話に戻りましょう。瞑想というと、何か神秘的なものだと勘違いされやすいのですが、ここでいう瞑想は、これまで見てきたような祈りなどとは違って、誰でもできるし、結果もすぐわかります。

瞑想は英語でいうとメディテーションですね。その意味は、一つの対象に心を集中させるというものです。念仏を唱えたり、何か一つの作業に集中して取り組んだりすること。これはメディテーションです。後に述べる慈悲の瞑想（サマタ瞑想）は、この意味のメディテーションと近い概念です。本書で紹介するもう一つの瞑想、ヴィパッサナー瞑想は、意識を何かに集中させるのではありません。むしろ自分の心の動きを観察する、自分の心の中で起きていることに「気づく」という意味です。

具体的なことは次章以降でお話ししますが、仏教の瞑想は、迷信や儀式のようなものではなく、誰でも実践できて効果をたしかめられる、その意味で科学的なものだということを押さえておいてください。

「今、ここにいる」ことを知ること

悩んでいる「自分」を観察する

仏教でいう瞑想というのは一種の訓練で、誰にでもできる心のトレーニングでもあります。走ったり泳いだりして体を鍛えるように、心を鍛えて強くするトレーニングです。

いちばん大切なのは、瞑想によって「**私はここにいる**」ということを知ること。そこからすべてが始まります。

私がここにいて、その私がいろいろなことを考えます。明日の仕事はどうしよう、今日の夕飯は何にしよう、どんな人とつき合おう、上司のあのひと言はどういう意味だったのだろう……など、人間がいろいろなことを考えたり悩んだりするのは、結局すべて「私はここにいる」ということがスタート地点です。

ある人が、大変悩んで夜も眠れなかったとします。食事も満足にとれず、どんどんやせていきます。本人は、自分の悩みについてさまざまに原因を考えます。でも、実はそう思うほど「大変な悩みごと」があるのではないのです。

まず、自分が「今、ここ」にいることには気づかない。代わりに、自分に大変な悩みごとがあると判断して、さらに悩むのです。

「自分がいる」ということが、すべての根本にあります。他の人が、その「大変な悩みごと」を聞いたら、「こんなの悩みではない」と言うかもしれません。

すべての根本には、「自分がいる」ということがあって、その自分がいろいろと考えを巡らせる。このことによって、「悩み」や「問題」が起きているのです。その「自分」の判断によって、ちょっとしたことが大きな悩みになったり、問題となったりするわけです。

同じ問題であっても他人から見れば、ばかばかしい、くだらない、とるに足らないものだと判断できることも多いのです。

ですから瞑想で最初にするのは、自分自身に気づくこと。こういう悩みがある、こんなひどい問題がある、貧乏だ、金持ちだ、恋人が嘘をついた、わがままだ、近所の人がうるさい、病気で苦しい、仕事がつまらない、うまくいかないなど、**どん**

なことでもそれを「悩み」と判断しているのは自分です。

自分でした判断に自分が縛られ、苦しんでいる。それが「苦しみのある自分」なのです。それからまた、自分に苦しみがあるから悩むという悪循環になる。

この悪循環を断つためには、「自分がいる」ということを観察して、勉強しなくてはいけません。「自分」を勉強して、悪循環の根を断たなければなりません。

その判断は本当に正しい？

今、「判断」という言葉を使いました。この「判断」をやめる、というのも瞑想の目的です。何も判断しないこと。これは人間にとっては大変難しいことです。なぜかというと、人間は生まれてから死ぬまで、絶えず判断し続ける動物だからです。判断をやめるというのは、とてもやりにくいのです。しかも、その絶えず続けている「判断」は、ほとんどいつも間違っています。

たとえば、私が今、あなたにバラの花を見せたとしますね。そのバラは、どんな色に見えるでしょうか?

こんな質問をしなくても、あなたの心は、さっとバラを見た瞬間に、いろいろな判断をしているのです。「これはバラだ」とか、「赤い」とか、「きれいだ」といったことです。

また、そういうバラを差し出した私に対しても、いろいろな判断をするでしょう。「この人はセンスがいい」とか「この人は女性っぽい」など……。

しかし、こうした判断は、本当に正しいといえるでしょうか?

もしかしたらカーネーションかもしれませんし、赤だと思ったら、光の加減で本当は紫だったかもしれません。生花かと思ったら、造花だったかもしれません。見た最初の瞬間で判断したことは、本当に正しかったのでしょうか?

私たちの判断というものがいかにいい加減であるか、わかっていただけたと思います。こうした判断が不幸を呼び寄せているのです。

「心」が体をコントロールする

すべては心が支配する

私たちの多くは、まず健康維持が大切だといって、体の管理に懸命になりがちです。しかし本当は、体よりも心をもっと健やかにしようと努力するべきなのです。

それには二つの意味があります。一つは、いくら体を健やかにしても、そこにはおのずから限界があるということです。体をきれいにしようとしても、洗いすぎると肌が荒れてしまいます。運動をしすぎたら倒れてしまいますし、食事に神経質になりすぎると、食べるものが何もなくなってしまいます。

いくら運動をして食べ物に気をつけて、規則正しく生活していても、突然倒れてしまうこともあります。ある日突然、自分の体の細胞が自分に逆らって、攻撃してくることがあるのです。どう気をつけてもあてにならないものなのです。それに、どんなに努力しても、体は必ず老化していきます。何をしても、どう生きても、老いが進んで、最後には必ず死ぬ。これだけは誰にも否定できない事実です。

もう一つは、人間の体も含め、すべては心が支配しているということです。ちょっと観察してみてください。たとえば腕を動かしたいとき、あなたはまずどうしますか？　「腕を動かしたい」と心で思って、それから腕を曲げるのではないですか？　歩くにしても、まず「歩く」と心の中で命令して、足を動かして歩くのではないですか？　逆に、**体に心と反対のことをさせるのは、なかなか難しい**。

「立つ」という基本動作のことを考えてみましょう。自分が「立ちたい」と思えば、何の困難もなく立てます。ところが、「立つ」という意志のない人を立たせるのは大変難しいですよね。デモの記事や報道で、警察官が座り込む人々の手や肩を持って、ごぼう抜きにしている映像を目にすることがありますが、相手の意志に反して引っこ抜くのは、いかに屈強な警察官でも難しそうですね。逆に失神状態の人を立たせるのも、大変難しいのです。

自分で立とうと思ったら、何のこともないかんたんなことです。

今、私が手を上げたとします。これは体が勝手にやったことではありませんね。心が命令したから、手が上がったのです。心が「走れ」といったら走りますし、「ごはんを食べなさい」といったら食べるのです。息を吸って吐くことから始まって、**人間のするすべてのことは、人間の「心」が命令して行っているのです。**

字を書くときも、心が「字を書こう」と命令しているから書けます。書いた字が、汚くて読みにくいとしたら、それは体がそうしているのではなくて、心がそうさせているのです。だからきれいに書けないのです。

心を洗うと体が生きてくる

ここまでお話ししてきたとおり、この世のすべての問題、悩みなどは、どれも心が原因なのです。ところが人間はおかしなもので、原因は心にある、という現実を見つめようとせず、必ず他に原因を求めてしまいます。

私の友人に仏教学者がいます。彼は学者としては優秀なのですが、歩いたり走ったりすることを大変嫌がります。私よりずっと若く、体力もあるでしょう。それなのに、１００メートルも歩くとすぐ疲れたとか、クルマに乗りたいなどと言います。

その人は、自分は偉いのだから、歩くのはみっともないと思っているらしいのです。私などは、どんなに忙しくとも移動の度にクルマに乗ったりするのはばかばかしいと思っていますから、どこへでも歩いて行きますが、その人にとっては、それが苦痛でしかたがないらしい。

ところが、歩くのは嫌がるその人が、卓球となるといくらでも続けていられるのです。卓球というのはご存じのように、けっこう体力を使いますね。それなのに、その人は、卓球となると何時間でもやりっぱなしです。その同じ人が、ちょっと外を歩くと疲れた、疲れたとぼやくのです。

あれほどまでに仏教を勉強している人が、人間は自分がやりたいと思うことには力が出るが、そうでないことには力が出ない、つまりすぐ疲れてしまう、というかんたんな事実にさえ気づかないのです。

それほど人間というのは、心に支配されているのです。ですから、仏教では体は重視しません。もちろん、瞑想には体の動作も伴いますが、それはあくまでも方法として体を用いるのです。まず心を鍛え、健やかにするよう努力する。心が健やかになれば、すべての問題は解決してしまいます。

シンプルなアクションを観察する

心を解放する気持ちで

本書では、二つの瞑想法を紹介します。一つは「慈悲の瞑想」、もう一つは「ヴィパッサナー瞑想」です。ここで、注意点を述べておきましょう。

慈悲の瞑想をすると、とても清らかな気持ちになります。その心になることが、次のヴィパッサナー瞑想への下準備となります。

まず、慈悲の瞑想をして、清らかな落ち着いた心の状態に持っていきます。そして、ヴィパッサナー瞑想へと移っていきます。

高い効果を上げるためには、「ありのままの真理を見たい。一切のストレスから自分を解放したい」という気持ちで、自分を観察していきましょう。「何かをつかみとって、幸福になる」という決意が大事です。はじめてだから、慣れていないからという気持ちは持たないでください。

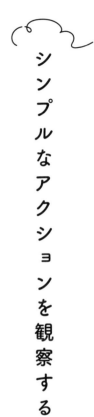

「自分は今、何をしているのか」を見てみる

ヴィパッサナー瞑想で得られる「智慧」は、「知識」と違って、長くやったから身につくというものではありません。ちょっとしたひと言、ちょっとした一瞬でも、何かを得られます。頭の中でよけいなことを考えてはいけません。判断はやめるのです。ただ、一つひとつの観察を通じて自分に会ってください。「はじめまして」という感じで、何のフィルターもかけずに、自分の姿を見てください。

これは、いわば心を映す「鏡」をこしらえるということ。この鏡を持っていないと、たいてい自分がどういう人間かを知らずに過ごしてしまいます。

たとえば、頭がかゆくなると頭をかきますね。「そこ」が自分です。目がちょっとかゆくなった。「私の目がかゆい」、そこで目をなんとかして、かゆみをとろうとする。それが「自分」です。足を組んでいたら足が痛くなった。そこで足を動かして、痛くないようにする。そういうふうに無意識にしていることがたくさんあるでしょう。このような活動の積み重ねが、**「自分」という概念をつくっているのです。**

しかしこの概念は、たくさんの無駄な思考で目が曇らされているために、「自分」

をわからなくしています。

そこで、1分単位でいいので、「**自分は今、何をしているのか**」ということを確認してみてください。というのは、そうした感覚だけが事実で、あとは全部妄想だからです。妄想をカットすると、自分が何であるかがあらわれてきます。

蜃気楼《しんきろう》のようにとらえきれなかった「自分」というものが、結局はとるに足らない、シンプルな行為の流れであることが発見できると思います。

たとえば、心に恨みが起こるとします。そのときは、相手の欠点だけを見ているのです。欠点は誰にでもあります。その欠点に触れる度、必ずしも人を恨む気持ちになるとはかぎりません。その瞬間、心が相手の欠点を「恨みの対象」として解釈した場合です。

同じ欠点に対して、笑ってしまう場合も、気にしない場合も、心配することもあり得ます。自分を観察しない人は、恨みがあらわれた途端、相手が悪いと判断します。自分を観察する人は、まず恨みが起きたら、自分の心に現実的にあらわれた恨みのみを観察するのです。この訓練を続ければ、どんな瞬間でも、自分の心はどんな状況にあるのかを発見できるようになります。

第2章

慈悲の瞑想――「やさしさ」を通して心を整える

冷静で落ち着いた心をつくる

3ステップ＋1オプションの言葉

「慈悲の瞑想（いつくしみの瞑想）」は、仏教用語でいう「サマタ瞑想」のひとつです。「サマタ」とは、英語では〝calm〟にあたり、「落ち着く、穏やかになる」という意味で、**静かな落ち着いた心をつくる瞑想法**です。

サマタ瞑想にはいろいろな種類があり、坐禅、ヨガ、念仏、声明《しょうみょう》などがそうです。ヒーリングミュージック、α《アルファ》波音楽も一種のサマタ瞑想と考えることができるでしょう。

サマタ瞑想で心が落ち着いてくると、脳にα波という脳波が生じます。脳波は脳内の神経細胞同士が外部からの刺激に反応して発する信号で、各脳波の持つ周波数によって心の状態がわかるとされています。

通常、私たちが目覚めているときや、あれこれものごとを考えたり、緊張や心配ごとがあったりすると、β波《ベータ》という脳波があらわれます。しかし、目覚めた状態でリラックスしているときや、集中している状態ではα波に切り替わるのです。

慈悲の瞑想法は、完全に安全で、副作用もまったくないサマタ瞑想で、心を落ち着かせ、心を統一するための実践です。

三つのステップと一つのオプションで成り立っています。

①自分の幸せを願う

②親しい生命の幸せを願う

③すべての生命の幸せを願う

オプション……私の嫌いな生命、私を嫌っている生命の幸せを願う

62ページから始まる3ステップと1オプションにある言葉を唱えます。時間や場所の制約はありません。一日にこれだけやる、といった時間の決まりもありません。できるだけリラックスして、明るい気持ちで始めてください。

どんな姿勢で瞑想してもかまいません。立ってでも、座ってでもできます。歩きながらでもできます。

言葉は、心の中で念じても、口に出して唱えても、好きな節をつけて、歌のように歌ってもかまいません。そのときの場所や状況で決めてください。

朝一番と夜寝る前が効果的

時間と場所が許すなら、後に紹介するヴィパッサナー瞑想の「座る」方法（↓142ページ）と同様に、背すじをまっすぐのばして座り、目をつむって念じるのがいいのですが、そうでないときは、電車の中、歩きながら、あるいは入浴中など、いつでもどこでも、どんな姿勢で行ってもいいでしょう。

一日にどれだけやらなければいけないという決まりはありません。時間は、長ければ長いほどいいに越したことはないのですが、できるときに念じていれば、やればやるほど心が静まり、清らかになっていきます。

気をつけたいのは、気持ちが伴わず言葉だけが浮いてしまうこと。言葉が空回りしないように、一字一句に心を込めて、集中しながら念じてください。

一つおすすめするのが、朝一番と就寝前に瞑想をルーティンにすることです。

起きてすぐに慈悲の瞑想を念じると、仕事や家での悩みやトラブル、それによってたまっていたマイナスの気持ちがやわらぎ、その日一日をすっきりした気持ちで過ごすことができるでしょう。

夜寝る前に念じれば、その日一日に起きたちょっと嫌なこと、感情のもつれ、気持ちのわだかまりなどが薄らぎ、新しくパリッとした気持ちで翌日を迎えることができるでしょう。

時間が許すときは、一日中念じてもいいのです。ゆっくりであっても、自分が変わっていくことを実感できると思います。

憎しみ、怒り、差別する心が解けていき、広い心を持った穏やかな人間にだんだん成長していきます。すると自分でも不思議なほど、ものごとがうまくいくようになっていきます。人間関係にしこりがあった人、体調がすぐれなかった人も、いつの間にかよくなっていきます。

心が変われば、体も変わり、取り巻く世界まで変わるのです。

Step 1

私の幸せを願う

私は幸せでありますように
私の悩み苦しみがなくなりますように
私の願いごとが叶えられますように
私に悟りの光があらわれますように

私は幸せでありますように
私は幸せでありますように
私は幸せでありますように

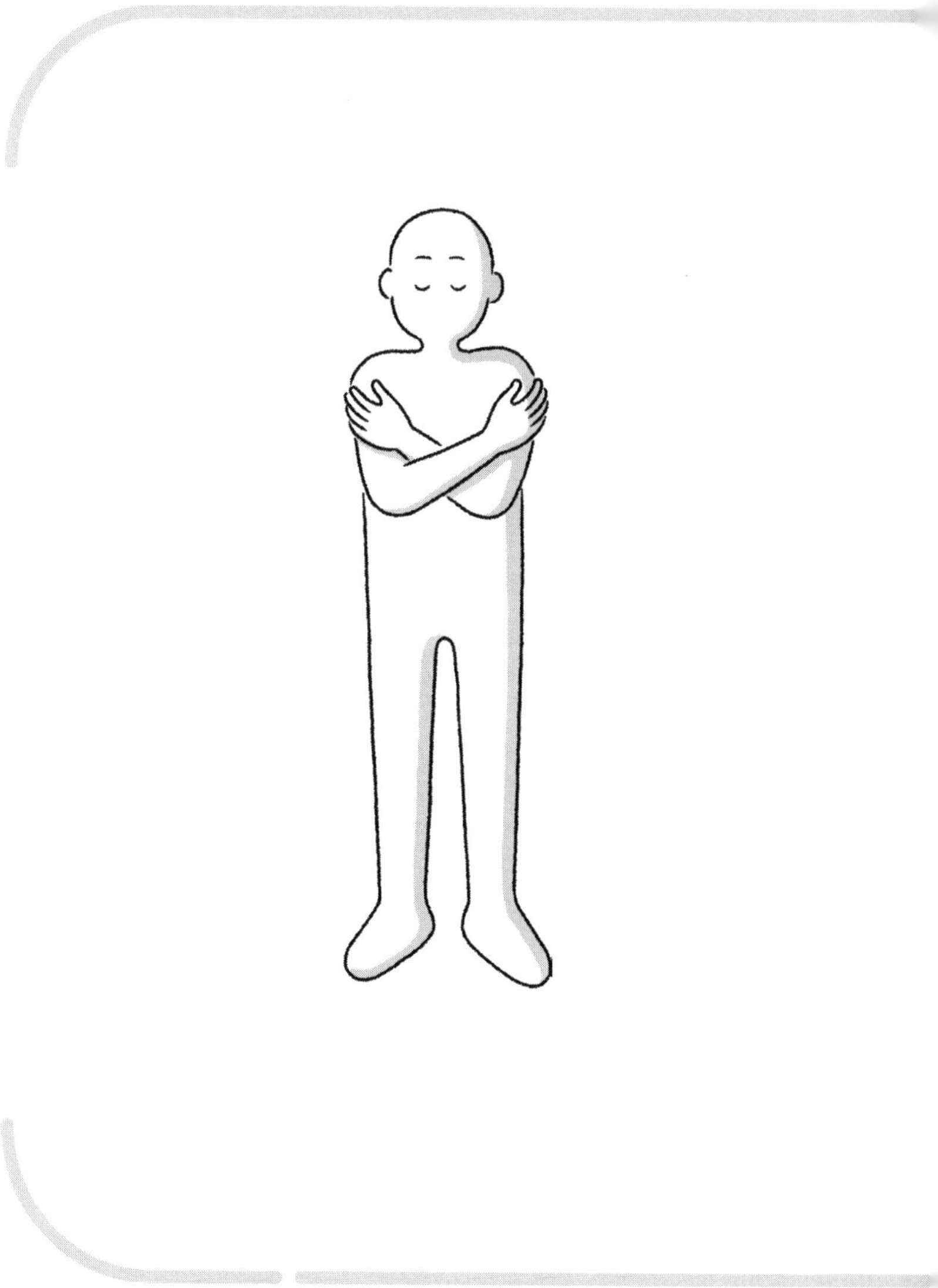

Step 2
親しい生命の幸せを願う

私の親しい生命が幸せでありますように
私の親しい生命の悩み苦しみがなくなりますように
私の親しい生命の願いごとが叶えられますように
私の親しい生命に悟りの光があらわれますように
私の親しい生命が幸せでありますように
私の親しい生命が幸せでありますように
私の親しい生命が幸せでありますように

Step 3

生きとし生けるものの幸せを願う

生きとし生けるものが幸せでありますように
生きとしいけるものの悩み苦しみがなくなりますように
生きとしいけるものの願いごとが叶えられますように
生きとしいけるものに悟りの光があらわれますように

生きとし生けるものが幸せでありますように
生きとし生けるものが幸せでありますように
生きとし生けるものが幸せでありますように

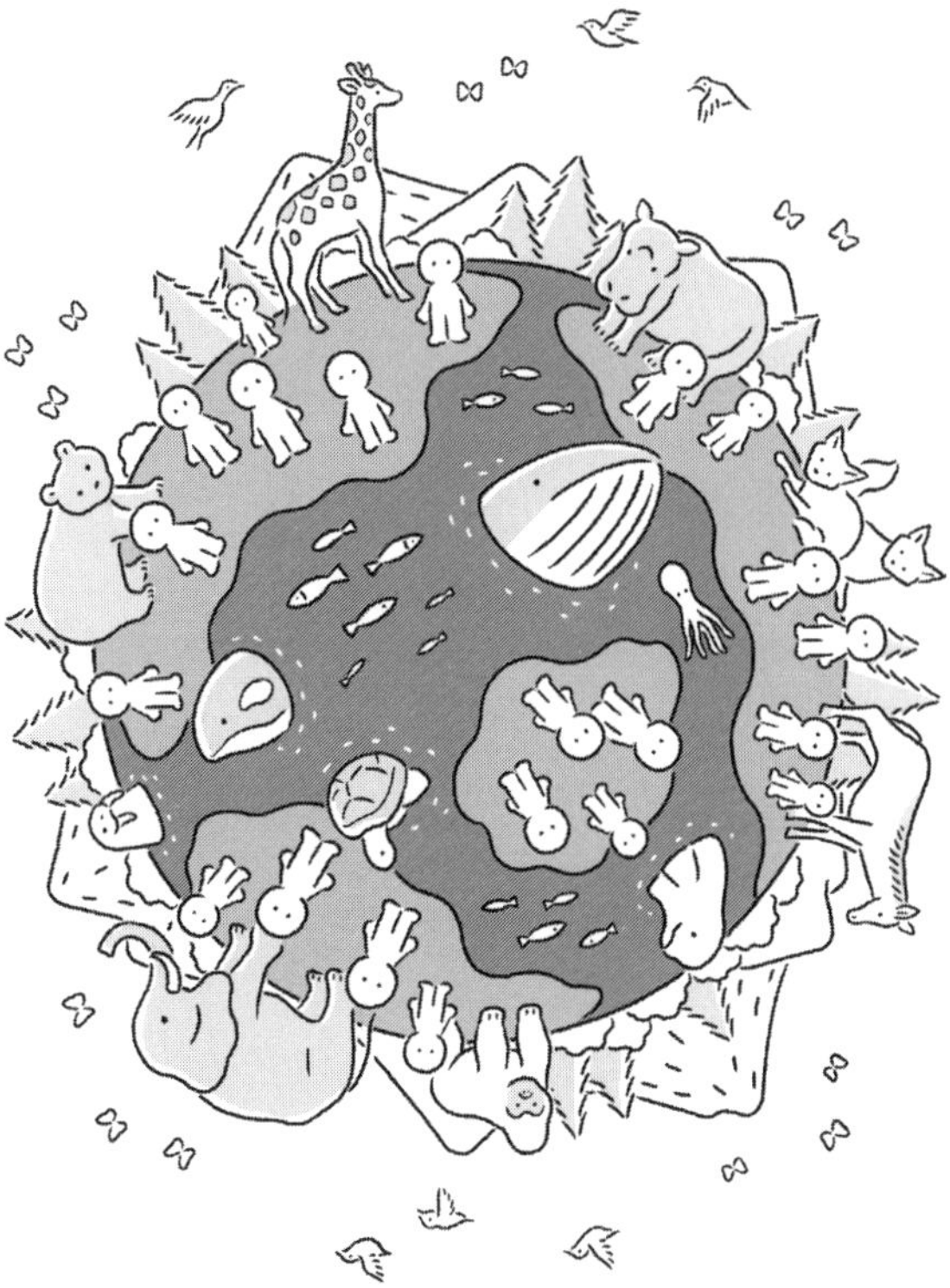

オプション

自分の嫌いな生命、
自分を嫌っている生命の幸せを願う

私の嫌いな生命が幸せでありますように
私の嫌いな生命の悩み苦しみがなくなりますように
私の嫌いな生命の願いごとが叶えられますように
私の嫌いな生命に悟りの光があらわれますように

私を嫌っている生命が幸せでありますように
私を嫌っている生命の悩み苦しみがなくなりますように
私を嫌っている生命の願いごとが叶えられますように
私を嫌っている生命に悟りの光があらわれますように

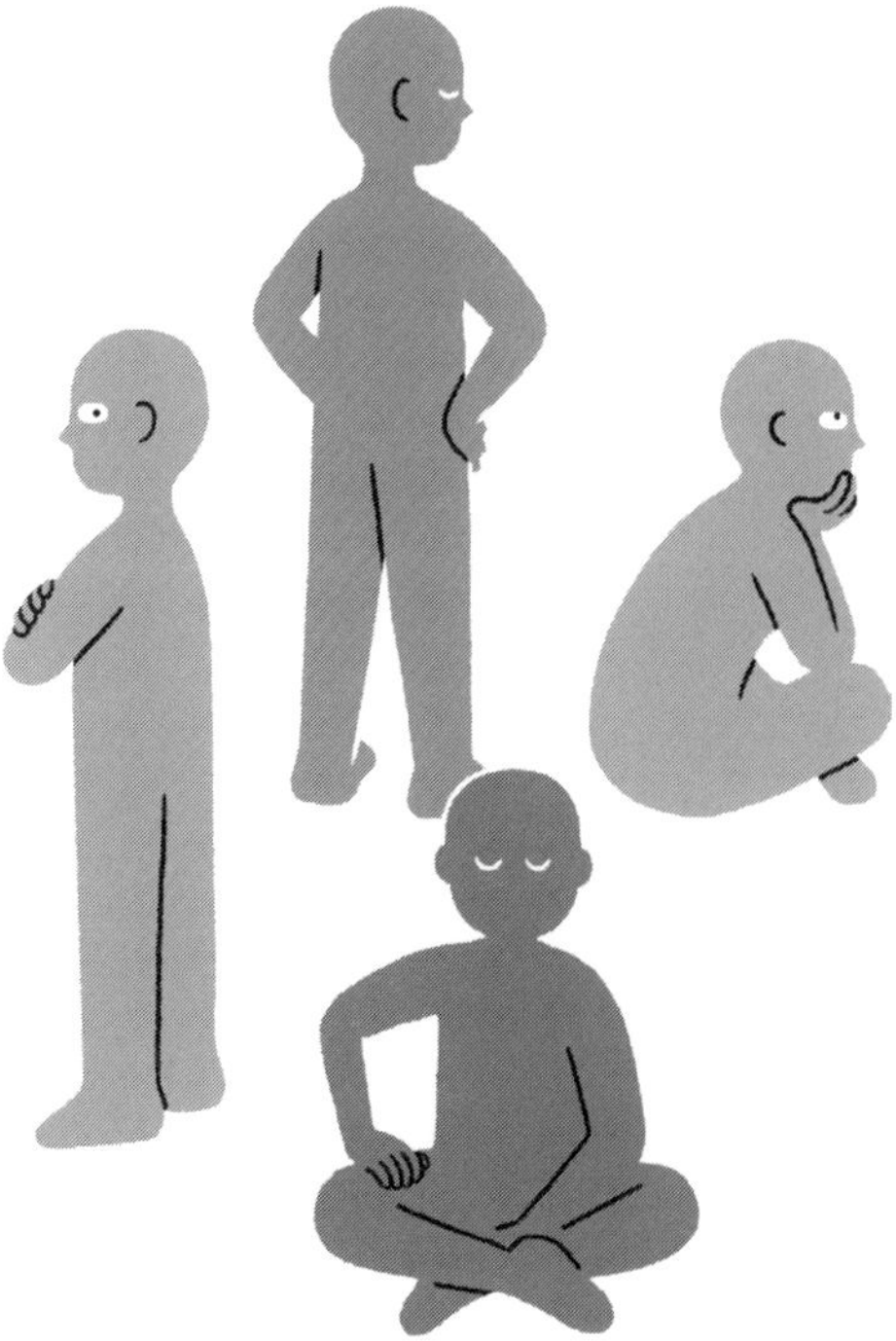

慈悲の瞑想の終わり方

慈悲の瞑想は、最後に次の言葉を唱えて終わります。

生きとし生けるものが幸せでありますように
生きとし生けるものが幸せでありますように
生きとし生けるものが幸せでありますように

「私は幸せでありますように」……慈（メッター）

慈悲の瞑想の1行目は、「私は幸せでありますように」です。

この言葉を念じることで、慈（メッター）という善の心を育てます。慈とは、生命を友だちだと思う気持ち、いつくしむ気持ちのことです。

誰でも、生まれてきている以上、自分の幸せを求めています。「幸せになりたい」とは、突き詰めれば「生きていたい」という気持ちです。しかし問題は、この気持ちが行きすぎたとき、互いにぶつかり合ってしまったときです。Aさんという人の「生きたい」という気持ちとBさんの「生きたい」という気持ちがぶつかり合えば、そこには必ず問題が起きます。これが不幸の始まりなのです。行き違いやすれ違い、悩みの原因になります。

そこで大切なのは、幸せになりたい、生きていたい、という自分の気持ちをごまかすことなく見つめることです。**自分にとって自分はとても大切な存在である**、という事実を素直に受け入れることです。そうすることで、自分だけでなく、他の生命も同じ願いを持っているのだ、ということに気づけるのです。

ただし、「幸せ」について、あまり具体的なことをイメージしないように気をつけてください。「あの絵画が買えたら幸せ」とか、「子どもがあの学校に受かってくれたら幸せ」といった具体的なイメージが頭に浮かんでしまうと、瞑想している意味がなくなります。欲の妄想が次から次へと膨らんで、止まらなくなります。そういう欲の妄想は、すべて心の毒です。この毒を消さないと、瞑想の目的から離れてしまうのです。

ですから、「幸せになりたい」という気持ちは、イコール「生きていたい」という気持ちなのだと理解してください。つまり、今生きていて、この本を読んでいるというだけでも、あなたはとても幸せな人間なのです。そんなふうに、できるだけ広い意味で「幸せ」をとらえて、自分の幸せを願ってください。

「私の悩み苦しみがなくなりますように」……悲（カルナー）

2行目の「私の悩み苦しみがなくなりますように」です。

この言葉で、生命の悩みや苦しみをなくしたいという悲（カルナー）の心を育てます。そのために、まず自分自身が悩みや苦しみをなくしたいと思っていることを確認するのです。

悩み、苦しみといっても、何か具体的なことを思い浮かべる必要はありません。常識的に考えれば、悩みや苦しみは避けたいものでしょう。瞑想の文句では、現在の悩み、苦しみを対象にしています。あなたは、今何の悩みもないという気分でいるかもしれません。でも、事実はそうではないのです。

ブッダは「生きることは苦」と説きました。実際、私たちの人生には絶えず「苦」がつきまといます。その苦をなくそうと努力することが、すなわち「生きること」になっているのです。たとえば呼吸をしないで息を止めていたら、すぐ耐え難い苦しみに陥ります。ですから、この瞬間吸うことも吐くことも、耐え難い苦しみを回避すること、苦を避けることなのです。

そういうわけで、2行目を念じる場合も、日常生活で起こる具体的な悩み、苦しみをあれこれ思い浮かべたり、感情を引き起こしたりする必要はありません。ただ「悩み、苦しみがなくなりますように」とシンプルに念じるだけでけっこうです。

「私の願いごとが叶えられますように」……喜（ムディター）

3行目は、「私の願いごとが叶えられますように」です。
これは、心に喜びを引き起こさせる言葉です。この言葉を繰り返すことで、生命の希望が叶ったり、成功したりしたときに、それを素直に喜ぶ気持ちを育てます。仏教用語で、「喜（ムディター）」という心です。かんたんにいえば、嫉妬の反対です。

何か願いごとが叶ったとき、努力が実ったとき、私たちは肩の荷が下りた気分にならないでしょうか？　ホッとして、「よかった！」という気持ちが生まれるまずです。

ここでも、一つ注意していただきたいことがあります。この行を念じる場合は、大胆な願いごとを考えないようにしてください。成功させなければならない大きな課題を抱えている人は、瞑想中、そのことが思い浮かぶでしょう。でも、それはやめてください。

そんな大胆な願いごとを持っていない人は、この行を念じても意味がないのではないか、と思うかもしれません。しかしそれもまた、勘違いなのです。

願いごととは何でしょうか？　このように理解してみてください。私たちはあらゆる瞬間に、何かに挑戦して生きています。小さな希望を叶えながら生きているのです。たとえば、足を組んで痛くなった人は、「楽になりたい」という願いを起こします。それで足を伸ばして楽になるのです。買い物をしたくなったら、コンビニやスーパーに行くでしょう。それで必要なものを買って帰るのです。

このように、小さなコマ単位に人生を考えると、「**私たちは瞬間、瞬間に希望があって、その都度、それを叶えながら生きている**」という事実が見えるはずです。

私たちは、大胆な願いごと、非現実的な夢・希望・願望ではなく、コマ単位で発見できる希望を重視したほうがよいのです。そういう種類の希望が叶わなかったら大変なことになります。おなかが空いているのにお弁当を買えない、のどが渇いているのに飲み水がどこにもない、といった状況に置かれたらとても困るでしょう。しかし、人生の中でそこまでひどい目に遭うことは、そうそうないと思います。それならば、自分の人生はけっこううまくいっていると、かんたんに喜べるはずです。

大胆な願いごと、非現実的な夢・希望・願望は単なる妄想にすぎません。それにとらわれることで、さまざまな悪感情が引き起こされてしまいます。瞬間ごとに希望が叶っていることを確認して、それに喜びを感じながら、素直に「私の願いごとが叶えられますように」と念じてみましょう。

「私に悟りの光があらわれますように」……捨（ウペッカー）

4行目の「悟りの光」とは、つまり「智慧」のことです。すべての生命に対して、区別・差別をしないで平等に見ることができること、いつでも冷静な気持ちで生命に接することができる心境を仏教用語で「捨（ウペッカー）」といいます。冷静であることは、智慧があることの特色なのです。

悲（カルナー）の項目でも紹介したように、生きることとは、苦しみとの戦いです。私たちは瞬間、瞬間、何らかの問題に遭遇しています。その問題は解決できたり、できなかったりまちまちです。解決できないと心が乱れ、悩んだり苦しんだりします。解決できたならば、そのときは心が冷静でいられるのです。

人生をコマ単位で見ると、次から次へと起こる問題は、そう大きなことではありません。立ったまま電車で通勤しているとき、電車が急ブレーキをかけたとします。反動で体が倒れそうになるので、瞬時に手を伸ばして吊り革をとります。そうすることで、自分の身を守り、他人の体に倒れて迷惑をかけることも避けるのです。**智慧というのは、そのように小さなコマ単位で問題をさっさと解決することで、徐々に開発されるものなのです。**

ですから、「悟りの光」「智慧」について大胆なことを考える必要はありません。シンプルに、「いつでも、問題を解決できるひらめきがあればいいのではないか」という気分で念じてみましょう。

親しい生命の幸せを願う

ステップ2の「親しい生命」というのは、あなたにとって無理なく、ごく自然に親しさを感じられる人々・生命のことです。

「かれらが不幸せであったなら、自分も幸せではいられない」
「自分の幸せは、相手の幸せと同じ」

そう思える人々・生命のことを思うのです。いつくしみの言葉をゆったりと念じましょう。

ステップ1で自分の幸せを願ったときと同じ心を、そのまま周囲の親しい存在に広げるのです。自分のまわりの人々、親しい生命が、全員幸せになってほしいと、心から真剣に念じてください。

真剣に願えば願うほど、自分のことだけが気になっていた狭い心が、親しい生命も含めた、より広いものに育っていきます。心の器が大きくなるのです。

このステップでも、願いの対象は具体的でないほうがいいのです。具体的に願ったら、そこに欲が生まれてしまいます。

また、この瞑想は、「願掛け」のように誰かの幸せを直接実現しようとするものではありません。**「幸せになってほしい」という対象を「自分」から「親しい人」に広げることで、自分の心をトレーニングすることが目的です。**あくまでも対象は、自分の心です。

いつくしみの言葉を、心をこめて念じることで、あなたの心の中には喜びと清らかなエネルギーが満ちてきます。

こうしたプラスのエネルギーは、必ず周囲の人に伝わっていきます。あなたのまわりの人々に、やさしい波動が伝われば、あなたは必ず幸せになります。

ですから、前のステップと同様に、「幸せ」の意味をできるだけ広くとらえて、心から願ってみてください。

生きとし生けるものの幸せを願う

「自分」→「親しい人」と「幸せを願う」対象を、ステップごとに広げてきました。ステップ3ではさらに進んで、「この世に生きるすべての生命」に、対象を広げます。

願う対象を広げていけば、やがて自分の心も広大になり、清らかになっていきます。エゴという心のサビが剥がれて、どんどんきれいになっていきます。エゴがなくなれば、まわりの命にも、幸福とやすらぎが広がっていきます。

どの命も、この世に生きる以上、幸せになりたいと願っています。自分と同じように、他の人々も、他の生き物も、微生物でさえも、すべてが自分の幸せを願いながら生きているのです。私たちの命は、こうした無数の命に支えられて存在しています。一人ひとりの人間は、他の無数の人々に支えられて生きています。つまり、社会がないと人間は生きていけません。

そして人間社会は、動物、植物、微生物などの力があってはじめて成り立っています。食べ物にしても、空気にしても、命あるもの、かつて命のあったものの名残《なごり》が、食べ物や空気として、私たちの体を維持してくれているのです。微生物のはたらきがなければ、私たちの体はたちまちおかしくなってしまいます。

だから「すべての命の幸せを念じる」といっても、それは一方的なボランティアではありません。むしろ、**すべての命が自分とつながっている、この世は無数の命がクモの巣状につながったネットワークであり、自分は自分だけで生きているのではない、命のネットワークに生かされているのだ、と感じる智慧のことなのです。**

無数の命と命が支え合うこの世界。こういうイメージを持って、「ありとあらゆる命が幸せでありますように」と念じてください。

自分と他者の区別がない広大な心を育てる

古くから実践されてきた、慈悲の瞑想の方法を一つ紹介します。「この家に住むみんな（人間と他の生命）、この集落に住むみんな、村に住むみんな、この地方、この国、周囲の国々、世界の国々」、というふうに幸せを願う対象を広げていきます。

次に、「人間、動物、神々、霊、地獄にいる生命も幸福でありますように」と、念じる対象を広げる。それから、「この宇宙、他の宇宙に住む生命」にも広げてみる。最後に「一切の生命は幸福でありますように」と念じる。

これは、今も仏教の国々で行っている方法のひとつです。また、自分がいる場所から、「東・西・南・北・上空・地下」という六方に、無限に生命の幸せを願う気持ちを広げる方法もあります。ブッダが経典の中で紹介されているのは、この方法です。

自分に理解できる分け方で、小さなブロックから巨大なブロックまで広げればよいのです。慈悲の瞑想で最終的に達する位置は、ものごとを「生きとし生けるもの」というスタンスで観察できるところです。

こうしたトレーニングを積めば、**やがて「私」と「他者」の区別のない、広大で無制限な気持ちが心の中に育っていきます。**その気持ちは、だんだん心に根を下ろして、少しくらいのトラブルがあっても揺らがないようになります。トラブルに足を引っ張られるどころか、ものごとを広大なスタンスで見られるようになるので、心は徹底して安定した状態になるのです。強い精神力が身につきます。

これは、慈悲の瞑想で達する「サマーディ」という境地です。

自分の命も、一切の生命の命も、平等に感じられるようになると、**「自分という個は実体として存在しない」「他人という個も実体として存在しない」ということを発見する可能性もあります。**

それは確実に、エゴが消えた状態です。もし、この状態に達したならば、悟りの境地に達しているのです。

エゴが完全に消える境地は、悟りの3番目の段階で、「不還果《ふげんか》」といいます。究極の悟りは、次の4番目の最終段階だけですから、慈悲の瞑想だけでも、悟りへ進むこともあり得ます。

慈悲の瞑想を欠かすことなく、あわせて次章で紹介するヴィパッサナー瞑想を実践すれば、誰でも悟りに達します。

自分の嫌いな生命、自分を嫌っている生命の幸せを願う

瞑想のオプションとして、「あなたの嫌いな生命、あなたを嫌っている生命」の幸せを願ってみます。

どうしても気が合わないとか、趣味が合わないとか、利害関係が衝突するとか、コミュニケーションがうまくとれないなどの理由で、敵対的な関係になってしまう人がいます。誰でも、好きな人もいれば嫌いな人もいます。組織や集団の関係を見ても、ライバル会社、ライバル校、敵対国、敵対するグループなどは、常に存在します。しかし、前のステップまでで、心が着実に成長していれば、このような関係の相手に対しても、その幸せを願えるようになります。

自分の心が成熟してくると、嫌いな人や相手のことが心に浮かんでも、何も思わなくなります。さらに成長すると、どんな生命も嫌いにならなくなります。今まで

嫌いだと思っていたけれど、実はその相手は自分にとって鏡のようなもので、その相手がいるから自分の存在が引き立ったり、あるいは反面教師になったり、という形で、自分の行動の指針になっていた……ということも、往々にしてあります。

つまり、敵だと思ったその生命が、実は広い意味では自分の仲間だったということに気づかされます。

こんな心境になれたら、すべての敵はいなくなります。敵のない人生とは、すなわち無敵だということです。どんな高価な財宝でさえもかなわない、そんな宝を手にしたのと同じです。心がこのような状態まで成長したら、慈悲の瞑想はその目的を十二分に達成したことになります。しかし、最初は無理をしないようにしてください。これはあくまでもオプションの瞑想ですから、まずは試しに念じてみて、自分の心の中をチェックしてみてください。

最初は1回だけ念じれば十分です。嫌な気持ちになるようなら、その時点でやめてください。1回念じて支障がないようなら、続けて2～3回念じてもいいでしょう。自分の心の成長に合わせて、嫌な気持ちが起こらない、無理のない範囲で試してみてください。

幸せのエネルギーを育てる「いつくしみ」の力

愛を育てるトレーニング

ブッダが人間を幸福にするエネルギーとして着目した「慈《じ》・悲《ひ》・喜《き》・捨《しゃ》」の四つの善感情についてあらためて紹介します。慈悲の瞑想の真髄ともいえる部分を理解することで、瞑想の実践がより深みを増すことになるはずです。

世界中に無数の宗教がありますが、実はどの宗教も、一つのことしか言っていないようです。それは「愛が大事だ」ということです。

仏教は、その話に飛びつきません。あくまでも厳密に「愛といっても、よい愛と悪い愛があるでしょう。いったいどんな中身の愛を推奨するのですか?」と検証するのです。

誰もがひとりでこの世を生きていくことはできません。他の人間、動物や植物、さらには雨や雲、風、大地などの自然にも、日々一瞬、一瞬を助けられ、それらの恩恵を受けながら生きています。**自分が元気で幸せに生き続けるためには、自分を取り巻くまわりのすべてが幸せでなければならないのです。**すべての生命が幸せでいきいきしていなければ、自分もまた、いきいきした生活はできないのです。

ですから、自分や他者の幸せを願うのは当然のことです。しかし、仏教では直接「愛」という言葉を使って、それを推奨することはしません。人間の愛を、無条件によいものとは考えないのです。人間の愛はほとんどの場合、見返りを期待する愛なので、「渇愛《かつあい》」です。だから災いのもとになるのです。

本当に大事な、養い育てるべき善なる「愛」を間違いなく、具体的に指し示すために、ブッダは「慈・悲・喜・捨」という四つの言葉に置き換えて示しました。慈悲の瞑想は、この「慈・悲・喜・捨」の四つの愛を育てるための瞑想です。

各ステップの最初に唱えた1行目は「慈の心」です。ブッダが使っていた言葉（パーリ語）では、「メッター」といいます。「友情」に近い概念です。みんなで仲良くしよう、ひとりで食べるより二人、三人でごはんを食べたほうが楽しくおいしいでしょう、という感情です。

2行目は「悲の心」です。パーリ語では「カルナー」といって、憐《あわ》れみ・労わりの感情を表します。憐憫《れんびん》というのがいちばん近い感情で、悲しい目に遭った人を助けてあげたいとか、苦しんでいる人を救ってあげたい、と思うような感情です。

3行目の「喜の心」は、パーリ語では「ムディター」です。誰かとともに喜ぶ感情です。人が幸福になった様子や成功した姿を見て、ともに「ああ、よかったなあ」と喜びを分かち合う感情です。

4行目の「捨の心」は、パーリ語では「ウペッカー」。いつも平静で、平等な心をいいます。感情をたかぶらせたり、波立たせたりせずに、生命を眺める心といってもいいでしょう。

ものごとの善し悪しを勝手に決めつけたり、付和雷同《ふわらいどう》したりせずに、「世の中にはいろいろな人がいる、人はさまざまだ。私はそれに影響されることなく、冷静に観察するしかない。ああだこうだいっても、自分にはどうすることもできないのだから」と、いかなる感情にも左右されないように、冷静にただ見守る心、それが捨の心です。

一切の生命を平等にいつくしむ「慈・悲・喜・捨」の心は、私たちが生まれながらに持っている感情ではありません。ですから瞑想によって育てていく以外に、身につける方法はないのです。

サッカーやテニスが、練習することによってだんだんと上達していくように、四つの感情も、学習しトレーニングして習得するものなのです。そのトレーニングこそが、慈悲の瞑想です。

トレーニングといっても、人によって四つの感情の中でも、得意・不得意の個人差があります。その場合、四つの感情の中で、自分がいちばんやりやすいもの、言い換えれば、今の自分が最も持っていそうな感情をまず育てるというのもひとつの方法でしょう。

たとえば、人のことを心配したり同情したりすることが自然にできる人は、まずは悲の感情から育てることを考えてみます。

どの心を最初に育てるべき、といった決まりはありません。自分の特性に合ったところから始めていいのです。

四つの感情の特性を、次のように考えて育ててみましょう。

(1) 友情をいちばん大事にしている人なら、慈の心を最初に育て始めましょう。

(2) 苦しんでいる人を放っておけない性格なら、悲の心をまず育ててください。
(3) みんなで喜んでいきたいと願う人なら、喜の心をまず育ててください。
(4) 歳をとって人生経験も豊かになり、智慧があり、どんなときでも慌てず冷静でいられるような落ち着きのある人なら、捨の心を育てるところから始めるといいでしょう。

ポジティブな心の波動が相手を変える

慈悲の瞑想は、「生きとし生けるものが幸せでありますように」と念じることで、「慈・悲・喜・捨」に満ちた、清らかな心を育てる方法です。その心のエネルギーがあなたに喜びを与え、同時に、あなたが発するポジティブな心の波動が周囲にも行き渡り、相手の心までも変えていきます。

「慈・悲・喜・捨」の力は強力です。不幸ばかりをつくってきた悪循環までも破ってしまいます。また、この瞑想で培われた穏やかで清らかな心は、ヴィパッサナー瞑想を実践する準備にもなります。

第3章

ヴィパッサナー瞑想——思考を手放す

#「今、ここ」にあることに気づく

現実より妄想が大事？

慈悲の瞑想は、第2章で書いたように大変な力を発揮しますが、基本的にはサマタ瞑想のジャンルに入ります。サマタ瞑想の力は、常に実践しないと効果はなくなってしまうものです。しかし、智慧を開発するヴィパッサナー瞑想の準備として、ぜひ実践したい瞑想です。

ここで紹介するヴィパッサナー瞑想は、智慧を開発する瞑想なので、穏やかに感じないかもしれません。しかし、コツコツ続ければ楽にできるようになります。最終的には、サマタ瞑想だけでは期待できない、大きな効果を得られます。何しろ、ブッダが解脱したのも、ヴィパッサナー瞑想によってなのですから。

ヴィパッサナ（vipassanā）はパーリ語で、「ヴィ＝明確に（vi）」、「パッサティ（passati）＝観察する、見る」という意味です。つまり、「明確に見る」という意味です。

ヴィパッサナー瞑想とは、ひと言でいうと「気づく」瞑想です。「気づく」ことをパーリ語で「サティ」というので、別名「サティの瞑想法」とも呼びます。

「気づく」というのは、「今、生きる」という現実に、ありのままに気づくということです。

では、「現実」「ありのまま」とは何でしょうか？

現実の反対語は、幻想、妄想です。私たちは幻想をつくらない、妄想していないと思ってはいる。具体的に、現実的に生きていると思ってはいる。

しかし、事実は違います。心の中は、さまざまな感覚が渦巻いています。幻想の中でさまよったり、妄想に支配されたりした状態で生きているのです。

実践に入る前に、認識とは何か、知識とは何かということを理解する必要があります。その理解で、現実と妄想の、区別と判断ができるようになります。

人間には眼・耳・鼻・舌・身（体）・意（心）という六根《ろっこん》に、それぞれ眼の感覚、耳の感覚、鼻の感覚、舌の感覚、体の感覚、意の感覚（感情）という六感《ろっかん》があります（↓183ページ）。

たとえば、耳に情報が触れると、触れたことを感じます。それは自然に起こることで、制御することはできません。耳に音が触れて、聴覚が生まれる。そこまでは「現実」です。誰にでも普遍的にわかることです。

しかし、その聴覚を「あの人が私を叱っている」と解釈して知識に変換するのは、自分勝手で主観的な行為です。**聴覚を解釈して、さまざまな知識に変えたり、その知識を増やしたりすることも、主観で聞いているからこそ勝手にできることです。**

現実性がないからこそ、あの人の言葉によって嫌な気分になることも、ひどく落ち込むことも、怒ることも、激怒することも、攻撃態勢に入ることも可能になるのです。

もう一つ例を出しましょう。40ワットの蛍光灯があるとします。電線には大量の電気が流れているからといって、蛍光灯は1000ワットの光を出したりはしませんし、太陽のように強く光ったり、蛍のように弱く光ったりもしません。蛍光灯が出す結果は、変わらないのです。

しかし、人の声を感じた私たちが、何を考えるのか、どんな感情を引き起こすのか、それもどんな程度で増やすのかというのはわかりません。勝手です。このような心のはたらきを、「現実」の反対、「妄想」というのです。

私たちは**無知のせいで、現実より妄想を大事にします**。妄想にいわれるままに生きているのです。これが問題です。

「ありのまま」ではなく「あってほしいまま」に解釈している

ヴィパッサナー瞑想は、この悪循環を破る方法です。だから「現実に気づく実践」なのです。**判断することをやめて、耳に触れる音、または聴覚に気づくのです**。

ところが、人間はこうした感覚を、ただ「感じた」という次元にとどめないで、そこにさまざまな感情をくっつけて勝手に解釈して、知ったこと（知識）にします。誰でもやっていることなので、ブッダ以外、この認識プロセスに問題があると、明確に語った人はいないのです。

大事なポイントなので、さらに例を出して説明します。カラスと人間が向かい合って、隠している何かを見ることにします。それで覆いを外します。隠してあったのは、ネズミの死骸です。人間は瞬時に嫌な気持ちになる。気持ち悪い、不潔だとも思う。カラスのほうは、ネズミの死骸を見るや否やパクッととって食べる。カラスにとってはご馳走です。人間にとられたらたまらない。

人間の目にも、カラスの目にも、同一のデータが触れたのです。基本的な視覚も同じでしょう。しかし、それが認識になると、互いに天と地ほどの差が出ます。一人は怒りの感情を出して怒るし、もう一人は欲の感情を出して喜んでいる。人間とカラスの心に、まったく別の認識をつくった犯人は、ネズミの死骸でしょうか？ 違います。死んだものだから、何もおかしなことはしません。それぞれの解釈が問題なのです。**主観で解釈するので、認識が食い違う**のです。

解釈する場合、重視されるのは「自分の都合」です。自分の都合に合わせてデータを歪曲《わいきょく》し、捏造《ねつぞう》しているのです。捏造した判断が正しい判断だと思うのは、相当な勘違いです。しかし、人間にネズミの死骸をご馳走だと捏造することも、カラスに気持ち悪いと捏造することも不可能です。

でも、だからしようがない、ということにはなりません。

どちらも、目に触れた普遍的な情報は何なのか知らないのです。要するに、「ありのまま」を知らないのです。**「ありのまま」ではなく、「あってほしいまま」にデータを歪曲します。**

その歪曲によって、欲、怒り、嫉妬、悲しみ、憎しみ、差別、傲慢などのあらゆる煩悩があらわれ、心が汚れます。

ですから、私たちの膨大な知識は、結局大したことではありません。人間の主観で、現実は違います。すべての生命は、自分がつくる主観という幻覚の殻の中に閉じ込められているのです。

ヴィパッサナー瞑想は、この捏造のプロセスを1回で破ります。破って、ありのままの真理を発見して解脱に達します。

マジシャンのネタがいったんある人にばれたら、その人をまた同じマジックでだますことはできません。真理を発見した人の悟りは、変わらないものです。

感情をつくらない＝思考を止める

私たちは、何かを見たり聞いたりすると、つい心の中に感情をつくってしまいます。それは、心が「無明《むみょう》」の状態にあるからです。

たとえば音を聞くと、どうしても心は感情をつくってしまいます。感情が起きれば、結局それは苦しみにつながります。

でも、聞かずにはいられませんし、聞きたくないと思っても、体が勝手に聞いてしまうのです。見たくなくとも、ものがあると目に像が映り、見てしまうのです。体に感覚がある以上、仕方のないことです。

見ざる、言わざる、聞かざるを実践しても、人間には思考というものがありますから、「私は考えたくない」と思っても、まったく何も考えずにいることは、ふつうの人にはできません。そして考えてしまう以上、それは仏教から見ると、すべて誤った考え、誤知《ごち》なのです。

誤知は無明から生まれます。だとしたら、無明をなおしてしまえばいいのではないでしょうか？　すべての問題を元から断つのです。無明がなくなれば、何を見ても聞いても心は汚れません。

慈悲の瞑想のポイントは、心を統一して、静かな、穏やかな気持ちになることでした。これに対して**ヴィパッサナー瞑想のポイントは、ものごとにとらわれないようにすること、離れること、関わりが起こらないようにすることです。**仏教のことばでは、「**遠離《おんり》**（**厭離《えんり》**）」といいます。

誰かが自分に話しかけてきたとします。ふつうであれば、人間はすぐその言葉に意味をつけて解釈します。たとえば、「あの人は怒っている」というように。そのような解釈をやめて、言葉の内容に関わりを持たず、「音、音」と確認するのです。その音について、何も考えないように努力するのです。

たとえば、きれいな花を見つけたとします。あるいは美しい名画を見たとします。見ると当然、心の中に感情が湧いてきます。感激したり、感動したりします。前向きのものであろうと、後ろ向きのものであろうと、それはどちらも感情です。

感情には、欲がつきまとっています。欲のない感情はありません。ですから心にとっては悪なのです。汚れなのです。

ヴィパッサナー瞑想で鍛えられた心は、何かを見たり聞いたりしても、そのものの中には入っていきません。これが、遠離ということです。

一枚の絵を見たとします。自分は大した絵だとは思わなかったのに、「これはゴッホの絵です」とか、「数億円で売られているのですよ」と言われていろいろな情報が頭に入ってくると、最初の感想はどこへやら、「ああ、これはすごい絵だ」というふうに思えてきませんか？　世間の評判や専門家の意見によって、かんたんに動かされてしまうのです。

ヴィパッサナーとは、パーリ語で「明確に観察する」という意味だと、前に話しました。この場合でいうと、「いい絵」とか「悪い絵」というような主観をはたらかせず、事実で受け止める、ということなのです。

絵を見たとき、「見えました」「見えています」「見えています」と念じてみます。そうすると、「見えている」対象に対して、さまざまな思考や妄想、感情などは起こりにくくなるのです。これは遠離を体験する実践です。

耳に音が入ってくれば、ふつうは音楽であったり、雑音であったり、人の声であったり、鳥の声であったりと、何らかの判断をします。それによって、心に何らかの波が立ってしまいます。

ですから、この瞑想では、「音」「音」、あるいは「聞こえている」「聞こえている」と、事実だけを念じます。そうすると、音は自然に耳から入りますが、感情は生まれなくなり、感情による迷い、悩み、憂いなどが生まれなくなるのです。

思考を止めると智慧が湧いてくる

自分が聴きたい美しい音楽、自分が見たいきれいな絵画などを鑑賞すると、ふつうは、欲が生まれ、そこから苦しみが生まれます。

ところが、ヴィパッサナー瞑想を行っていると、自分の好きな音楽、好みの絵画に接してはいるけれど、常にもう一人の自分がいて、もう一人の自分はただ「音」「音」、「光」「光」と念じています。または、「聞こえる」「聞こえる」、「見ている」「見ている」と念じているのです。こうして念じている瞬間、何の感情もなく、心はきれいなままです。

体に何かが触れたときも、「これは女性だ」「これは男性だ」などと思わず、ただ、「触れました」とだけ念じます。すると、触れたものが女性であろうと男性であろうと、若い人であろうとお年寄りであろうと、何も思わなくなります。

これは、本格的に修行をしなくても、すぐ試せます。この本を読んでいる間にも、あなたの耳にはいろいろな雑音が入っているはずです。今すぐ、何も「判断」や「思考」を入れないで、「音」「音」とだけ観察してみてください。

いきなり心の中が静かになってきませんか？

ヴィパッサナー瞑想の真髄は、思考をストップさせること。思考をストップさせるには、普段より何倍も強く頭をはたらかせなくてはなりません。

世間では思考をたくさんする人ほど、頭がいいとみなすようですが、事実は反対です。

思考は頭を鈍らせます。思考をストップさせるために、頭を何千倍もの速さではたらかせなければならないのです。思考が減ると、その分苦しみが減り、智慧があらわれます。

「思考を停止するトレーニング」＝ヴィパッサナー瞑想は、今、この瞬間に起きていることを、言葉で、心の中で絶えず確認する実践です。

私は、このトレーニングを理解しやすくするために、「**実況中継**」という言葉を使っています。サッカーや野球などスポーツの実況中継は、今、起きていることをアナウンサーが説明していきますね。あれをもっと時間の単位を短くして、もっと詳しく確認するのが、ヴィパッサナー瞑想だと思ってください。

しかし、放送局の実況中継のように、評価すること、専門家の解説を入れることはしません。ただ、**体に起こることをそのまま確認し続けるのです**。

一瞬たりとも絶えることなく、体に何かが起き続けます。これを実況すると、他のことを考えている余裕がなくなります。ふだんより何倍も忙しくなります。

それで、思考しない状況が生まれるのです。

ノンストップで、超ゆっくり、体の感覚を感じること

①ノンストップで行動や感情を実況中継する

ヴィパッサナー瞑想は「実況中継」であるとお話ししました。実況中継をする際に、次の三つのポイントがあります。

ノンストップで実況中継すること、具体的には、瞬間、瞬間に自分が行っている動作を、一つひとつ、頭の中で厳密に確認していくという作業になります。

手を上げるときは、「上げます」「上げます」と心の中で確認します。**今起きていることを、隙間なく、つまり飛ばしたり遅れたりすることなく、その場、その場で確認していくのです。**

このとき、よけいなことは考えない、過去や未来のことを思ったりしないように、

「今、この瞬間」にのみ意識を集中します。

自分が今、何をしているか。そのことだけを実況中継するのです。途切れることなく、ノンストップで中継していきます。

もっとも大事な「今」にエネルギーを使う

ノンストップで実況中継が確実にできるようになると、悩み、苦しみがそれだけですっと消えていきます。

私たちが悩んだり苦しんだりしていることとは、ほとんどが過去のことです。過去のできごとを忘れないで何度も思い出している。そして思い出す度、同じ苦しみにとらわれている。それが悩みです。

未来のことも、悩みの種になります。人間は将来のことを考えれば考えるほど、心配でたまらなくなります。ですから、過去を思い悩む苦しみと未来を案じる心配とで、心はずっと痛めつけられます。**過去と未来とにエネルギーを奪われて、もっとも大事な「現在」に振り向けるエネルギーが不足しているのです。**これが、人生がうまくいかない原因です。

人間は、考えることでエネルギーを無駄遣いしているのです。

ですから、ヴィパッサナー瞑想によって**過去や未来に向けるエネルギーをカットし、「現在」にのみ意識を集中すると、脳は活性化して、能力を発揮できるようになります。**

脳が活性化すると、心は強い幸福感、満足感を覚えるようになります。脳が幸せになると、体の調子もよくなっていきます。

②スローモーションで集中力をつくる

瞑想には集中力が必要です。集中力がないと、瞑想はむしろ害になります。ただ形だけ瞑想して、頭は別のことを考えていたら、それは瞑想になりません。むしろ妄想です。

集中力は、一つの器と考えてみましょう。集中力という器に、智慧という水を注ぎます。器がしっかりしていれば、水はこぼれません。しかし、いっぱい入れても、器にひびが入っていたりしたら、せっかく注いだ智慧の水は無駄になります。智慧を育てるのにも、集中力が必要なのです。

強烈な集中力をすぐに手に入れる方法は、「**すべての動きをゆっくり行うこと**」。極端なスローモーションにするのです。

たとえば、体をゆっくり動かしてみます。できるだけゆっくり、もうこれ以上はできないというくらい、ゆっくり動かすのです。

足を動かすとします。足をゆっくり、ゆっくり上げていきます。この動作は、ふつうは1秒もかからないでしょうが、それを1分から1分半くらいかけて行うのです。自分にとって「もうこれ以上ゆっくり動かせない、もうダメだ」というくらい、限界までゆっくり行います。

日常生活では、なんでも「速く」しようと思いがちです。そうすると、毎日大変忙しく感じます。とくに日本では、誰もが口を開けば「忙しい、忙しい」ばかりですね。

しかしよく考えると、「忙しい」というのは論理的にありえないはずなのです。「今、忙しい」と言ったら、それはどんな意味でしょうか？　他のことをする時間がないという意味でしょう。

今、別のことをしていて、もう一つのことをする時間がない。それはなぜならどちらも同じ時間にしなければいけないと思っているからです。「忙しい」というのは、「ある時間の範囲の中で、いくつかのことを同時にしなければならない」ということですね。

1時間かかる仕事が二つあるとします。その二つを9時から10時にしなくてはならないとなると、これは大変忙しくなります。でも、9時から10時の間に一つ、10時から11時までの間にもう一つ片づけることにすれば、これは忙しくないはずです。

年がら年中「忙しい」とばかり言っている人は、一つの時間間隔に、複数のすべきことが入り込んでいるだけなのです。

朝、出かける前に、ごはんを作って食べる、部屋の掃除をする、食器を洗い洗濯をする、ニュースをチェックする、メイクをする……などと、「したいこと」が頭の中でごちゃごちゃになって、毎朝ドタバタしてしまう、これはまさに「忙しい」状態です。しかしよく考えると、これは別に困った状態ではありません。悩むような状態ではないのです。

必要時間をコントロールすれば忙しさからは解放される

ものごとにはそれぞれ、自然に決められた必要時間というものがあります。たとえば、コップに水を汲《く》むという作業を考えてみましょう。こういう作業に1時間も2時間も使う人はいませんよね。コップを持って、水道の蛇口をひねって、水を注ぐだけ。1分もかかりません。

その一方で、食事を作ったり、草花の手入れをしたり、掃除をしたり、といったことは、1分では終わりません。

慣れや技量で多少増減することはあっても、こうした必要時間というものは変えられません。ですから、必要以上に焦っても何もいい結果は生まれないのです。

もしするべきことの必要時間が持ち時間を上回っていたら、必要な調整をするべきです。そこで、各項目に優先順位をつけます。優先順位の低い項目は、数日後にまわすとか、あるいはきっぱりとやめてしまいます。

こうすれば、「すべきことの必要時間が手持ち時間を上回っている」という状態は解消されます。つまり、忙しくなくなります。

忙しいときほど、ゆっくり行動する

「忙しい」と思ったら、せかせかと行動することをやめて、むしろ、超スローモーションで行動してみるべきなのです。

そうすると、「速くしなくては」という気持ちがさっと消えて、「ものごとにはそれぞれ決まった時間がある」ということに気づきます。

そのトレーニングとして、瞑想では極端なスローモーションで体を動かしてみます。同時にその動きを、ノンストップで実況中継します。そうすると、思考が止まります。思考がストップすると、集中力も生まれてきます。

③体の感覚を感じる

前述したように、人間には六つの感覚があります。そして、この六つの感覚は、常に揺れ動いています。(↓93ページ)

「私」と呼ばれいるものは、この感覚の集まりですから、「私」というものも、一瞬、一瞬変化しています。これは、ヴィパッサナー瞑想で体の感覚をきちんと観察するとわかります。

美しいものを見たら「ああ、美しい」と感じますが、次の瞬間に嫌なものを見たら、「ああ、苦しい、不快」と感じます。

手を上げてみると、手の先が微妙に動いています。「手を上げる」という至極単純な行動でも、それは常に変化して、一つの概念には収まらないのです。

見ることも動作をすることも、すべてが揺れ動いている、波のようなものです。瞑想では、そうした動きをじっくり感じとりましょう。動きを感じながら、すべての感覚に対して、実況中継をするのです。

感じたことに対して実況中継をする。これを繰り返していくことで、**すべてのものは単なる現象で、感覚にすぎない、ということがわかってきます**。

感覚を一つひとつ、言葉にすることで真実が見えてきます。今まで見ていた世界とは違った世界が見え、人間関係など、すべてが変わっていきます。

立つ瞑想

［↓116ページ］

「座った姿勢から」

ヴィパッサナー瞑想の中でも、まず基本となる「立つ瞑想」を紹介します。切れ目なく動きや感情を確認することに慣れていきましょう。

「立つ瞑想」は、座った状態からゆっくり立ち上がる動作を実況中継します。軽く足を組んで床に座った姿勢から、右手を上げます。同時に、心の中で（言葉に出してもOK）、実況中継をしていきます。

「右手、上げます、上げます、上げます」①

その右手を、だんだん下に下げて、床に置きます。

「右手、下げます、下げます、下げます」②

次に、左手です。

「左手、上げます、上げます、上げます」③
上げたら、右手と同じように左手も下げて、床に置きます。④

「立つ・立っている」

いよいよ立ち上がる準備をします。ゆっくり片足ずつ上げて立ち膝になり、体育座りのような姿勢になります。
「右足、上げます、上げます、上げます」⑤
「左足、上げます、上げます、上げます」⑥
そして、ゆっくり、ゆっくり立ち上がります。
「立ちます、立ちます、立ちます」⑦
ここまでに、少なくとも5分以上の時間をかけます。
立ち上がったら、次に両足を肩幅の広さに広げます⑧。
「右足、広げます、広げます、広げます」
「左足、広げます、広げます、広げます」

足は、左右交互に徐々に広げるか、右か左かを先に広げてください（⑨）。

しっかり立つことができたら、今度は全身をリラックスさせます。

両手を前に組んで、背すじを伸ばします。

「手を組みます、組みます、組みます」

「背すじを伸ばします、伸ばします、伸ばします」

背すじをすっと伸ばすと、体重が自然にかかとの後ろのほうにかかります。

視線は数メートル先のほう、やや下のほうに向けます。（⑩）

意識を足の裏へ向けて、リラックスした状態で立ち続けます。

「立っています、感じています、立っています、感じています、立っています、感じています」（⑪）

「座った姿勢に戻る」

この状態を5～10分くらい続けたら、実況中継をしながら最初の座った姿勢へ戻します。

「手を下ろします、足を戻します、しゃがみます、しゃがみます、しゃがみます……」(⑫)

立ち上がるまで5分、立ち上がってから5分、また座るまで5分かけます。

ここまでの一連の動きを15分のワンセットで、時間があれば何セットか繰り返してもいいでしょう。

立つ瞑想［10〜15分］

1.
右手、上げます、上げます、
上げます

2.
右手、下げます、下げます、
下げます

3.

左手、上げます、上げます、
上げます

4.

左手、下げます、下げます、
下げます

5.
右足、上げます、上げます、
上げます

6.
左足、上げます、上げます、
上げます

7.
立ちます、立ちます、立ちます

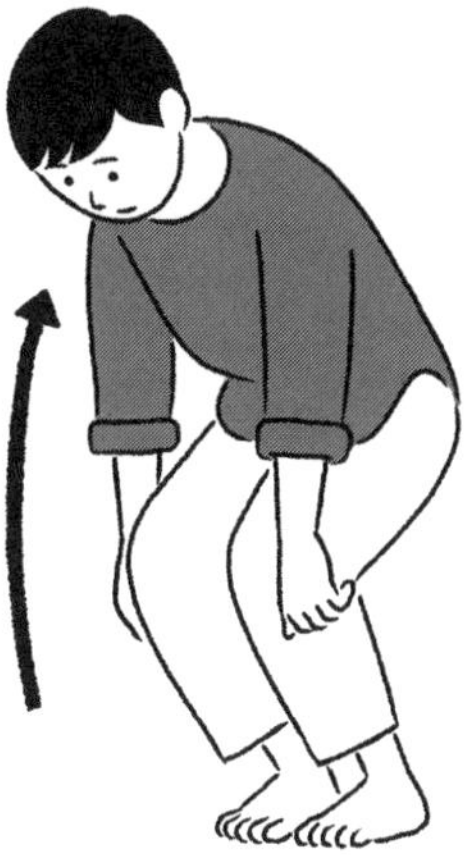

8.
（両足で立った状態）

9.

右足、広げます、広げます、広げます
左足、広げます、広げます、広げます

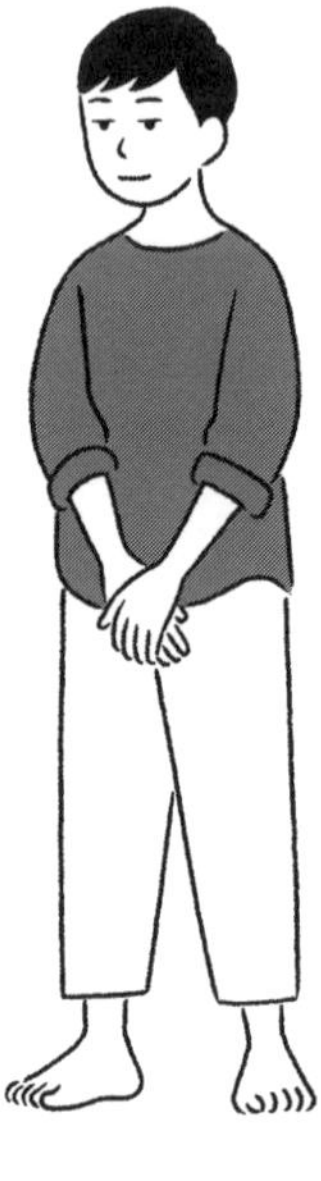

10.

手を組みます、組みます、組みます
背すじを伸ばします、伸ばします、
伸ばします

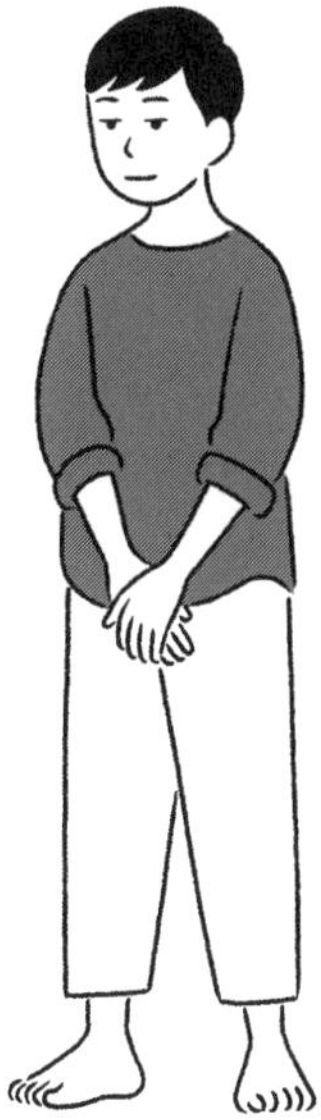

11.

立っています、感じています
立っています、感じています
立っています、感じています

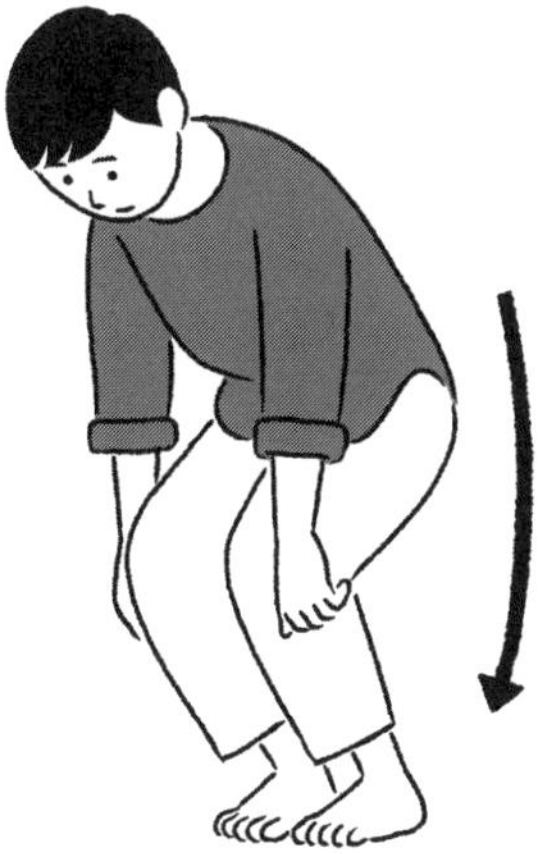

12.

手を下ろします、足を戻します
しゃがみます、しゃがみます、
しゃがみます

歩く瞑想

「立つ」→「手を運ぶ」

「立つ瞑想」ができるようになったら、次は歩く瞑想を試してみましょう。

歩く瞑想は、単なる散歩とは違います。歩いていく一つひとつの動きを、間断なく観察し続けます。

表面上はただ歩いているだけですが、頭の中はフル回転しています。この瞑想をすると、体はどんどん柔軟性を取り戻し、集中力も高まっていきます。

自分にとって気持ちのいい歩幅、実況中継しやすい速度で、30分から1時間くらいを目安にしてみてください。

［↓126ページ］

「立つ瞑想」の終わりの、背すじを伸ばして立った状態から始めます（①）。

手を組みます。体の前でも後ろでもいいのですが、ゆったりと結びます。

「手を運びます、運びます、運びます」
「手を結びます、結びます、結びます」(②)
「運ぶ」という動作は、手を前か後ろへ移動させている動きのこと。細やかに、途切れることなく、動きを確認してください。

「足を運ぶ」

手を結んだら、背すじを伸ばして、胴体を動かさず、足だけをゆっくり動かして、前に進みます。
視線を1・5メートルくらい前に落として、片足ずつ順番に前に出していきます。足の動きも確認してください。
「右足、上げます、運びます、下ろします」(③)
右足が終わったら、次は左足の番ですね。
「左足、上げます、運びます、下ろします」(④)
部屋の中で行っている場合、しばらく歩くと壁にあたります。

「止まる」

壁の前まできたら、足をそろえて立ち止まります。このとき、

「止まります、止まります、止まります」

と実況中継をするのを忘れないこと。そして、壁をよけて右か左に旋回します。このときも、

「右足、回します、回します、回します」

「左足、回します、回します、回します」⑤
と実況中継します。

回転したら、また同じように、

「右足、上げます、運びます、下ろします」

と途切れなく行ってください。

歩いていて「上げる、運ぶ、下ろす」の間に隙間ができてしまった場合は、

「右足、上げます、上げます、上げます」

「運びます、運びます、運びます」

「下ろします、下ろします、下ろします」

と、心の中で実況中継の言葉を繰り返してください。

この瞑想は、最低30分、できれば1時間は続けたいところです。

歩く瞑想

〔30〜60分〕

1.

（立つ瞑想の「背すじを伸ばして立った姿勢」から）

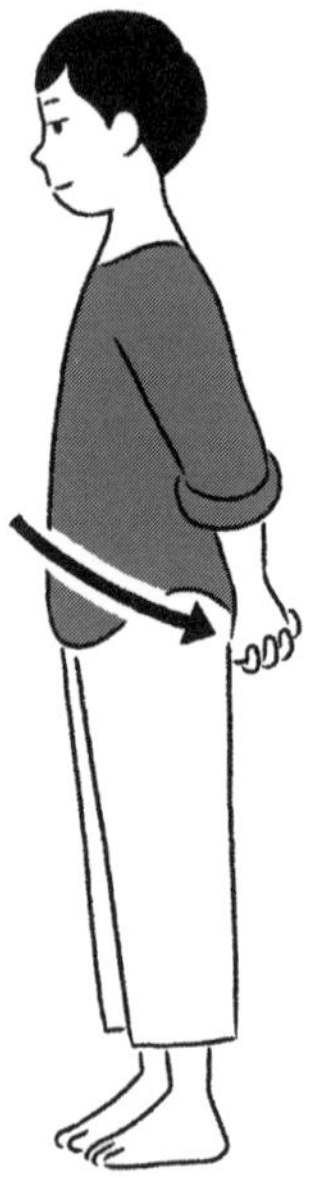

2.

手を運びます、運びます、運びます
手を結びます、結びます、結びます

3.

右足、上げます、運びます、
下ろします

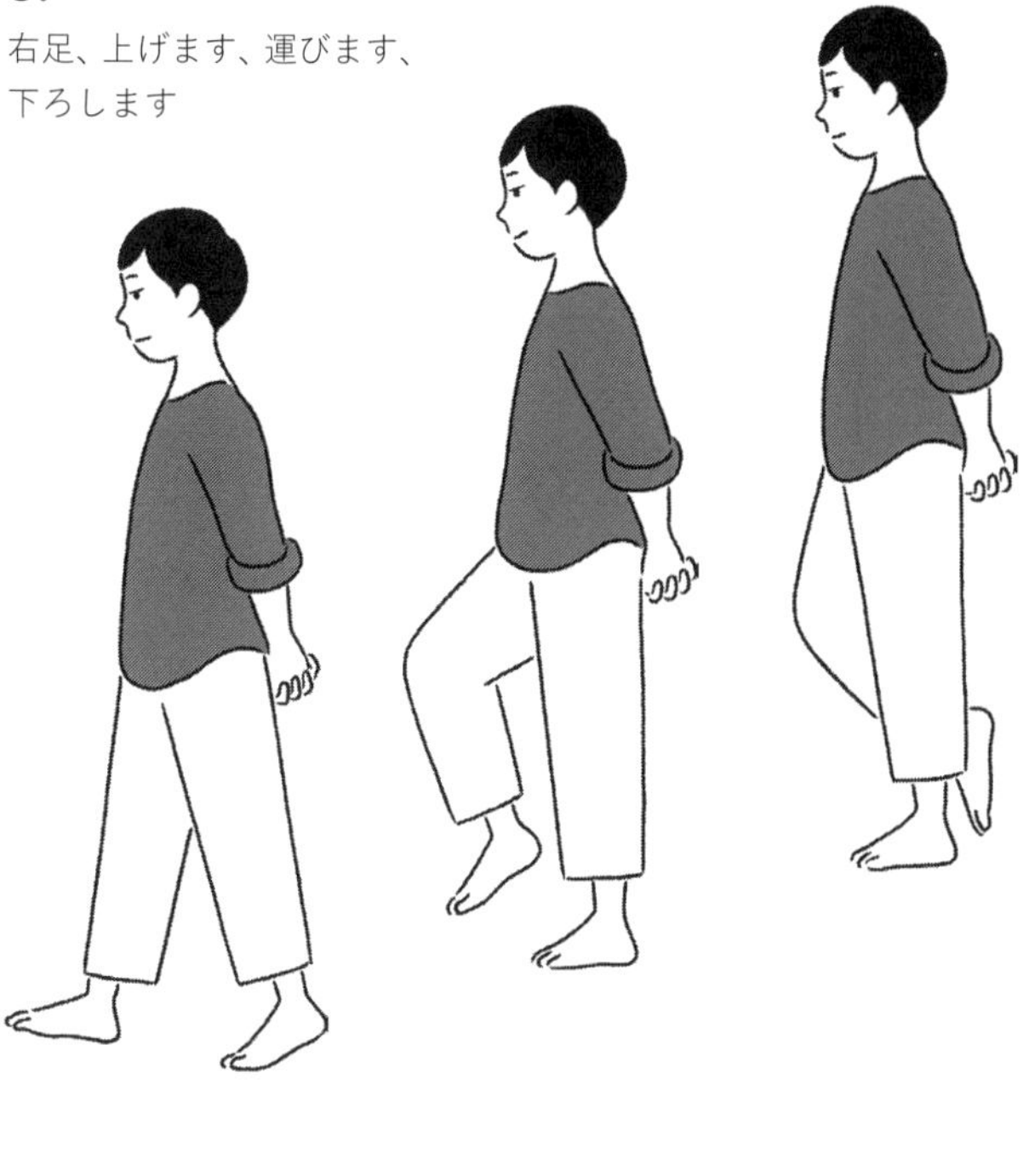

4.

左足、上げます、運びます、
下ろします

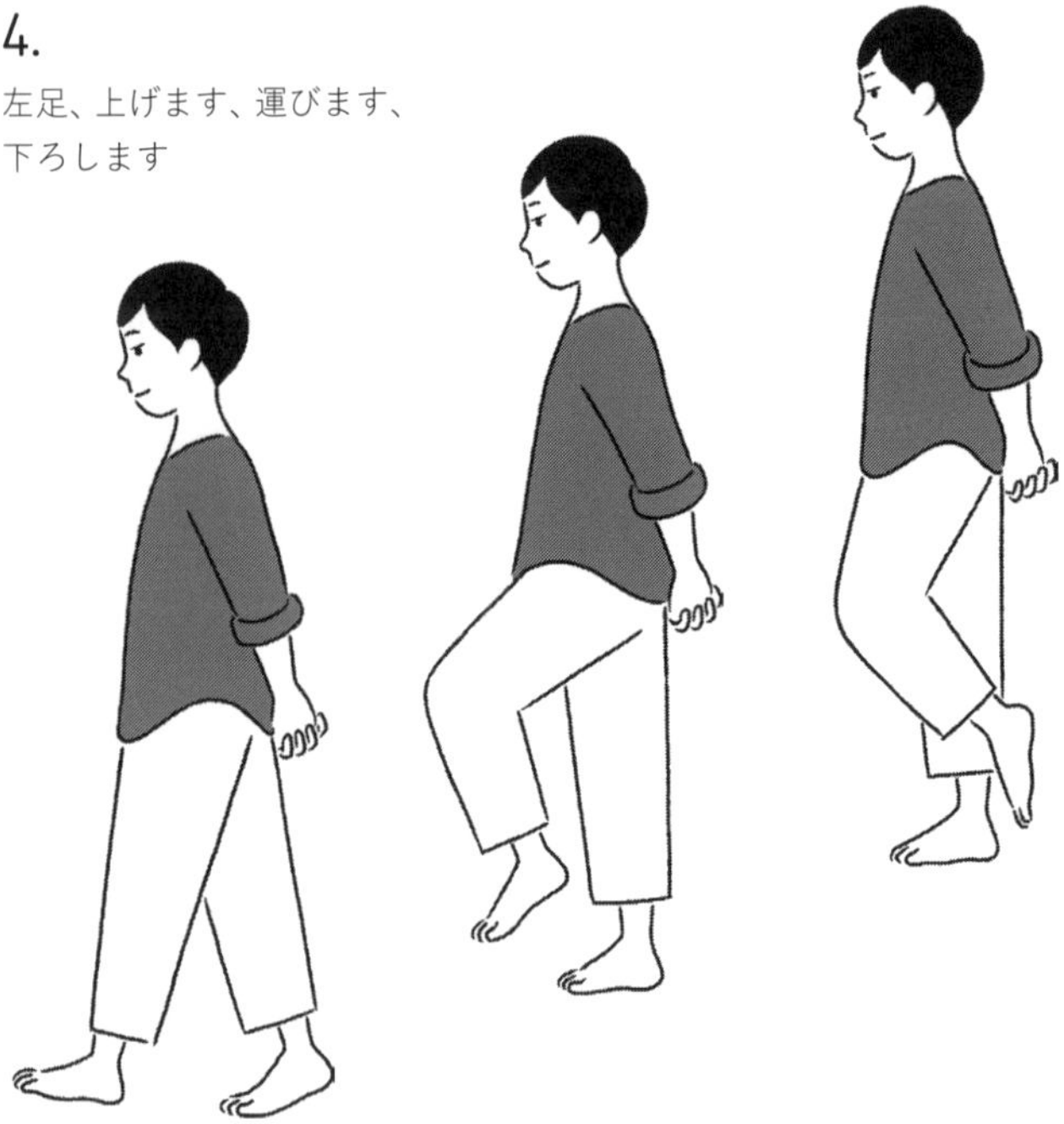

5.

止まります、止まります、止まります
右足、回します、回します、回します
左足、回します、回します、回します

座る瞑想

〔↓142ページ〕

この瞑想は、少々難しいかもしれません。最初は短時間でもいいので、徐々に慣れていってください。

「立つ」↓「座る」

「座る瞑想」は、一見「坐禅」と似ていますが、まったく別のものです。

この瞑想では、**自分の自然な呼吸を感じながら、今、この瞬間のありのままの自分を、客観的に感じていきます**。ポイントは、とにかくスローモーションで動くこと、そして、常に実況中継を細かくしていくことです。

座る姿勢は、お尻を坐布に乗せて足を組んで座る形でも、椅子に座った形でも、どちらでもよいですが、いつでも背すじと頭を伸ばした状態を心がけてください（①）。

まず、座ります。座るときも、実況中継しながら超スローモーションで座っていきます。

「座ります、座ります、座ります」

座ってから、まずはしっかり背すじを伸ばします（②）。

最初は力が入っていてもかまいません。徐々に力を抜いてそのままの姿勢で、リラックスします。

力が抜けてきたら、上半身をストンと前に30度くらい傾けます（③）

「目を閉じる」

倒れたら、そのままの姿勢で実況しながら目を閉じます。目を閉じてからも、

「目を閉じます、閉じます、閉じます」

と10秒から30秒くらい実況中継します。

そして、30秒くらいそのままの姿勢を続けます。すると、次第に体の重さを腰に感じてくると思います。

体の重さを感じたら、徐々に背すじを伸ばし、胴体をまっすぐにして、腰から頭までの上半身をできるだけ、ゆっくり、ゆっくり上げます。

「上げます、上げます、上げます」

と、実況中継を忘れないように。

「体を固定する」

胴体がまっすぐの状態に戻ったら、体を固定します。

「体を固定します、固定します、固定します」

と実況中継します（④）。

腰に体重を乗せ、背すじをすっと伸ばしたまま、肩、胸、おなかあたりの筋肉の力を抜いてリラックスします。

これ以後は、「ストップモーションの瞑想」になるので、体を動かさないようにします。

ここまでで、いったん終えてもかまいません。

「深呼吸」

体を固定したら、まずは深呼吸します。ポイントは、強制的に腹式呼吸をすることです。おなかいっぱいに空気を吸って、吐き出してください。

「吸います、吸います、吸います」

と実況中継をします。

「吐きます、吐きます、吐きます」

と続けてください。

これをワンセットとして、5～6回くらい繰り返してください。少し「疲れたな」と思うくらいがちょうどいい回数です（⑤）。

「待つ」↓感覚の実況中継

少し疲れてきたら、深呼吸はやめて、

「待ちます、待ちます、待ちます」

と実況中継をします。約20回、「待ちます」と繰り返してください（⑥）。
そうすると、だんだん体がリラックスして、自然に呼吸している状態になっていきます。

リラックスしてきたら、おなかのあたりに意識を向けてみてください。特定の部位ではなく、広く下腹部の感覚を感じてみます。

すると、息をするにしたがって、おなかが膨らむ、縮む、膨らむ、縮む、という感覚がだんだんはっきりと感じられるようになってくるはずです。

この段階になるまで、「待ちます」と実況を続けてください。

おなかの膨らみ、縮みを感じたら、実況中継の仕方を変えます。

ここからは、おなかの動きを実況中継します。

「膨らみ、縮み、膨らみ、縮み」

と中継していきます（⑦）。

おなかの動きがゆっくりになって、「膨らみ、縮み」の間に隙間ができてしまった場合は、

「膨らみ、膨らみ、膨らみ」

「縮み、縮み、縮み」

というふうに、同じ言葉を繰り返してください。

このとき、「膨らませます」「縮ませます」という言葉は、絶対に使わないでほしいのです。「膨らませます」「縮ませます」という言葉には、「私（のおなか）が」という主語が入り込んでいるからです。

ヴィパッサナー瞑想は、客観的に、ありのままの事実を見る訓練をするので、なるべく主語のない言葉を使ったほうがいいのです。

「膨らむ」「縮む」という動詞自体、主語がなければ成り立ちませんから、それもやめましょう。「膨らみ、膨らみ、縮み、縮み」にしてください。

体に起こる感覚の中でも強い感覚を実況

この瞑想は、どうしても雑念が入り込んでしまい、うまくいかないことも少なくありません。この雑念こそが、私たちが取り払わなければならない心の汚れであり、悩みやストレス、苦悩をつくり出す悪魔です。しかも、かなりの強敵です。

ちょっとやそっとでは、とうていやっつけることはできません。

瞑想をしていると、雑念が次から次へと襲ってきます。これは避けられません。しかし、思考しないことにチャレンジすることが目的なので、思考してしまっては元も子もありません。

これに対しては、正面から戦おう、雑念を気にしないことにしよう、膨らみ・縮みだけを実況しようと思わずに、「雑念」を確認してください。そのとき、

「雑念、雑念、雑念」

または、

「妄想、妄想、妄想」

と3回必ず念じるのです。それが雑念をカットする方法です（⑧）。

座る瞑想を行う際は、体を動かさないで、固定したままで座っていてください。しばらく続けていると、体のどこかが痛んだり、しびれたりもすると思います。かゆみが出てくることもあるでしょう。そのときは、その痛んだ部分、しびれた部分、かゆい部分に意識を集中して、これも実況中継します。

「痛み、痛み、痛み」（痛い、痛い、は禁句です。）

「しびれ、しびれ、しびれ」（しびれる、しびれる、は禁句です。）「かゆみ、かゆみ、かゆみ」（かゆい、かゆい、は禁句です。）⑨

痛み、しびれ、かゆみなどは、頭の生み出した妄想ではなく、現実です。ですから、この現実を認め、淡々と実況中継をすればいいのです。ただし、体を動かさないでください。体を動かすことは、精神的に負けたことになるのです。

膨らみ、縮み、痛み、かゆみ、しびれなどは、すべて体の感覚です。ですから、この現象の中で、何を実況してもかまいません。痛みを実況している間でも、雑念が割り込んだら、「妄想、妄想、妄想」と3回実況して、「痛み、痛み」に戻ります。しびれ、かゆみ、などの場合も同じです。

痛み、かゆみなどは、ずっと続くものではありません。消えていきます。その後は、「膨らみ、縮み」の実況に戻ります。

ここでのポイントは、**体に起こる複数の感覚の中でも、強い感覚を実況すること**です。

湧き出す感情も実況中継する

瞑想を続けていくと、観察能力が上がっていきます。そして、膨らみ、縮み、痛み、かゆみ以外に、自分の心の中にさまざまな感情もあることに気づき、発見するのです。

怒り、悲しみ、妬《ねた》み、喜び……いろいろなものが見えてくるはずです。最初は明確な形ではないと思いますが、だんだん見えてきます。

もちろん、そうした感情も実況中継してください。

「怒り、怒り、怒り」

「妬み、妬み、妬み」

といったような言葉で、ただ、何の判断も交えずに実況中継します⑩。

怒りが悪い、妬みが悪いなどと考えると、それは妄想になってしまいます。起きた現象なので、そのまま確認して実況します。

この種の妄想や感情が湧き起こるのは当たり前のことで、何も不思議なことではありません。こうした妄想をカットすることこそ、瞑想の目的です。見つけたら、その都度実況中継で確認してください。妄想も感情も、その都度消えてなくなります。いっぺんになくならないで、粘って続く場合もあります。こちらも粘って、実況中継だけするのです。

まわりの音や光も淡々とやり過ごす

瞑想している間、さまざまな音も耳に入ることでしょう。それにより、集中力が壊れてしまっては困ります。音が入ると、私たちは反射的に「○○の音」と判断してしまいます。しかし、瞑想中は何の音かと決して判断してはいけません。

たとえば「車のクラクション」だと思ったとします。しかし、目を閉じている人は、耳に入った音が車のクラクションだと、100％の確実性では言えないはずです。クラクションだと思ったことは、妄想になります。ですから、どんな音が入っても集中力を途切れさせず、「音、音、音」と実況してください。

目を閉じているときには、脳の視覚野も勝手にはたらいてしまうこともあります。いろいろなものが見えたりもします。ふつうのものも、そうではないものも見えるのです。気にする必要はありません。家を大掃除するときは、家の中が落ち着かない状態になることはふつうです。脳の大掃除の場合も同じことです。

そのときは、「見える、見える」と実況するだけです。さまざまな形で光が見えることもあります。これも、気にしないことです。「光、光」と実況するのです。興奮しないこと、混乱しないこと、解釈しないことです。心配することもまったくありません。

ブッダの瞑想は、完全に安全なのです。

座る瞑想の終わり方

初心者は、最低20分は続けて、座る瞑想を終わります。終わり方も大事です。次のようなステップで終了します。

まず、予定時間になったら、深呼吸に戻ります。

「吸います、吸います、吸います」

「吐きます、吐きます、吐きます、終わります」

これをワンセットとして、3回繰り返して落ち着いたところで、なるべくゆっくり目を開けてください（⑪）。

これで、座る瞑想を終了します。

最初は座り続けることがつらいかもしれません。まずは20分くらいチャレンジしてみてください。続けられる時間は、その人の経験や精神力などによってまちまちです。

次の二つのポイントで、自己判断してみてください。

- 明確に、真剣に、実況中継を続けられる時間
- 痛みなどが出てきて、忍耐できるぎりぎりの時間

決して無理をする必要はありません。瞑想は苦行ではないのですから、長時間苦痛に耐えて行ったからといって、よいことがあるわけではありません。

自分に最適な、時間と場所で試してみてください。

座る瞑想 〔10〜30分〕

1.

背すじと頭をピンと伸ばして足を組む。
椅子に腰かけるスタイルでもOK

2.
座ります、座ります、座ります

3.
上半身を30度くらい前傾させる

4.

体を固定します、固定します、固定します

5.

吸います、吸います、吸います
吐きます、吐きます、吐きます

6.

待ちます、待ちます、待ちます

7.

膨らみ、縮み、膨らみ、縮み

雑念や妄想を無理に消そうとせず、
それを認めることで消してしまう

8.

雑念、雑念、雑念
妄想、妄想、妄想

現実に起きている体の感覚もありのままに観察する

9.

痛み、痛み、痛み
しびれ、しびれ、しびれ
かゆみ、かゆみ、かゆみ

湧き出た感情をそのまま実況中継する。
その感情が消えるまで根気よく続ける

10.

怒り、怒り、怒り
妬み、妬み、妬み

11.

吸います、吸います、吸います
吐きます、吐きます、吐きます
終わります

第4章

いつでもどこでも「ながら」瞑想

日常のアクションで瞑想する

いつでもどこでも実況して観察する

ヴィパッサナー瞑想は心を実況中継するので、決まった場所、決まったときでないとできないものではありません。**日常生活の中でしているすべての行動や活動が、瞑想の対象になります。**どんなことでもいいので、深く観察してみてください。それがすなわち、ヴィパッサナー瞑想になるのです。

朝起きて歯をみがいているとき、顔を洗うとき、お昼ごはんを食べているとき、夜お風呂に入っているとき、どんなときでも、瞑想はできます。スローモーションでするのがいいのですが、日常生活に支障をきたしてしまいますから、あわてない程度の、ノーマルなスピードで十分です。

たとえば、顔を洗うときなら、

「(水を)出します、出します、出します」

「（水を手のひらに）受けます、受けます、受けます」

「（顔を）洗います、洗います、洗います」

「（タオルを手に）とります、とります、とります」

「（顔を）拭きます、拭きます、拭きます」

など、実況中継をしていきます。わかりやすくするために目的語を書きましたが、実際はいりません。「出します、出します」「とります、とります」などの動詞だけでもけっこうです。


プロローグ（↓24ページ）でも説明しましたが、食べるときなら、

「（箸を）とります、とります、とります」

「（食べ物を）運びます、運びます、運びます」

「（口に）入れます、入れます、入れます」

「噛みます、噛みます、噛みます」

「のみ込みます、のみ込みます、のみ込みます」

などと確認します。一つひとつの動作や感覚を丁寧に実況中継して、1時間くらいかけて食事をするようにすれば、かなり高度な瞑想になります。

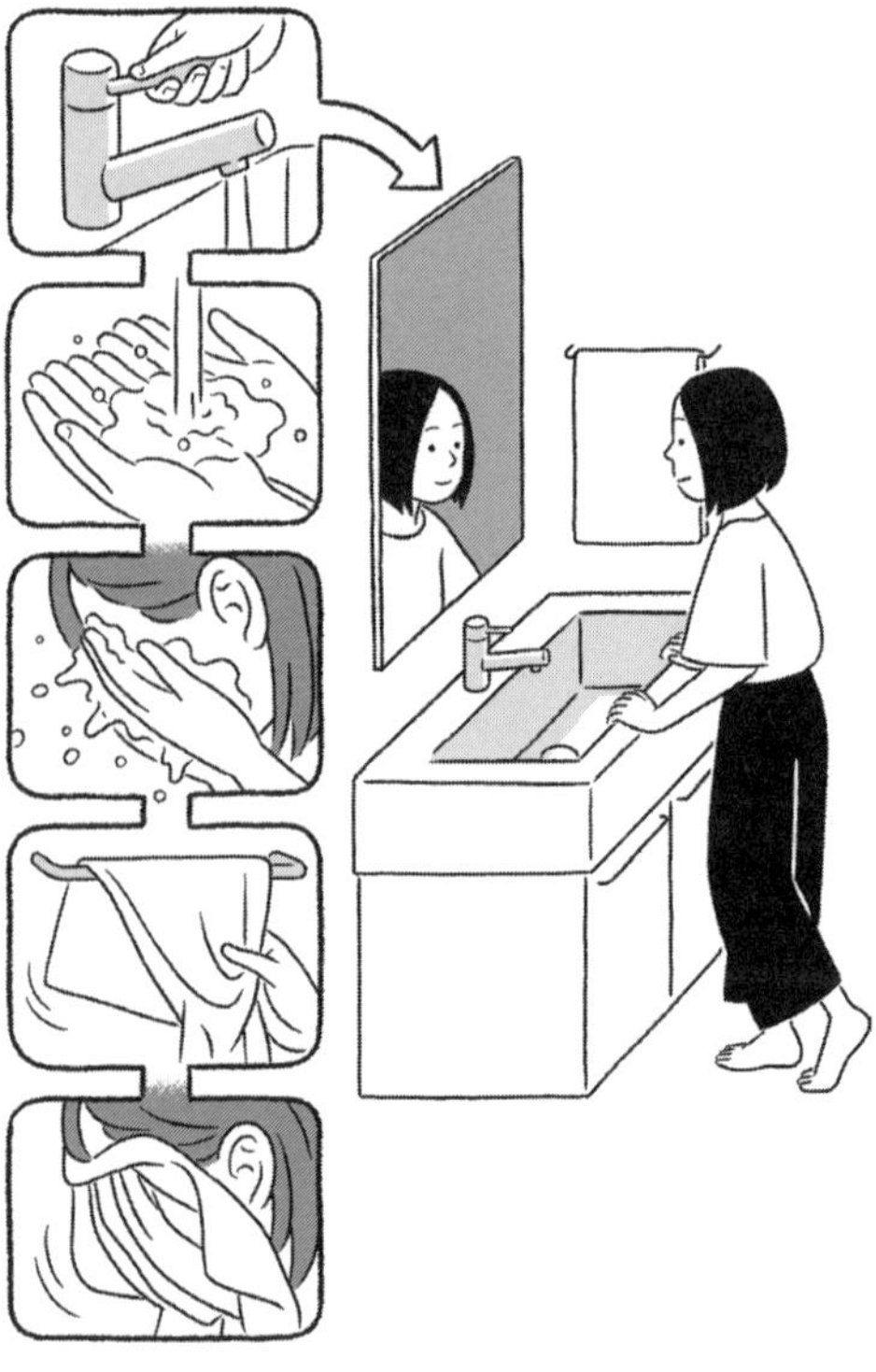

（水を）出します、出します、出します
（水を手のひらに）受けます、受けます、受けます
（顔を）洗います、洗います、洗います
（タオルを手に）とります、とります、とります
（顔を）拭きます、拭きます、拭きます

ふだんは、スマホを見ながら、話をしながら、または食事の後何をしようかなどと考えながら食事をしていることと思います。食べることに集中するというよりも、ただ漠然と無意識に食べる動作をしているのではないでしょうか？

実況中継をして、スローモーションで食べると、ふだんよりずっとおいしく食事ができます。食後も、すっきりした気分で、次の用事にとりかかれます。

家事の実況は動作を端的にする

家事をするときにも、実況中継ができます。スローモーションにするとなかなか終わらないので、ここではスローモーションは使わず、

「(掃除機を) 持ちます、持ちます、持ちます」
「(電源コードを) 引き出します、引き出します、引き出します」
「(プラグをコンセントに) 差し込みます、差し込みます、差し込みます」
「(スイッチを) 入れます、入れます、入れます」
「(掃除機を) 押します、押します、押します」

「（掃除機を）引きます、引きます、引きます」

できるだけ動きを端的に、動詞だけで実況します。

料理をするときも同じように、細かく実況をすればいいのです。

「（キュウリを手に）とります、とります、とります」

「洗います、洗います、洗います」

などと、動詞だけで実況中継していきます。

この後、拭いたり、切ったりといった動作を実況していきます。

歩く時間を瞑想時間に

歩く瞑想なら、公園でもできます。「歩く」以外のことやものに、気をとられないようにやってみてください。速く歩く場合は、少し言葉を縮めて、

「右足、左足、右足、左足……」

という単語で実況中継してもいいのです。ポイントは、**個々の体の動作を実況中継することです。**

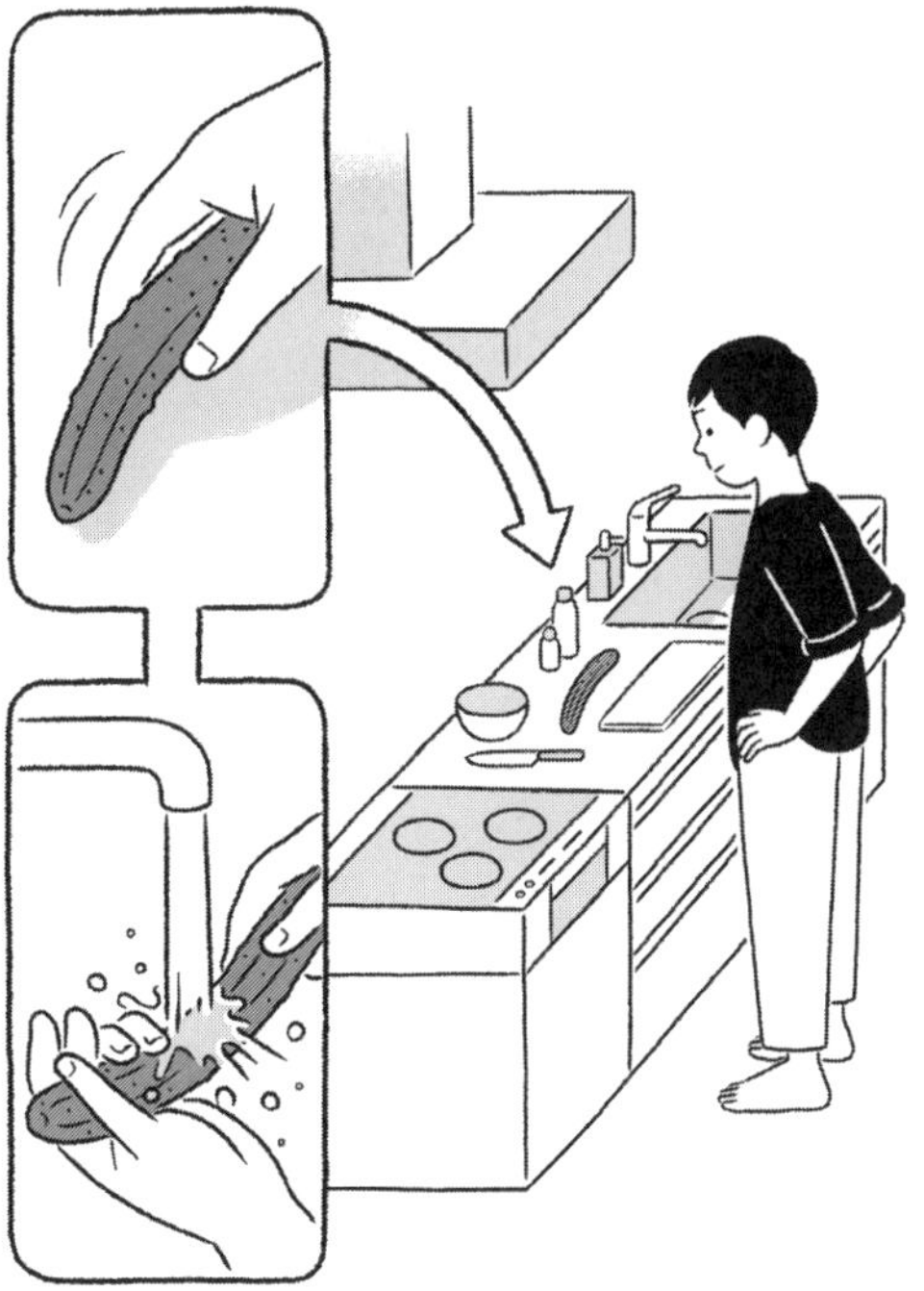

（キュウリを手に）とります、とります、とります
洗います、洗います、洗います

つまらないルーティンを観察するほど、ものごとは好転する

30分で集中力が生まれる

こうして日常生活のこまごまとしたことを実況中継すると、いろいろなことが次々とわかってきて、驚かれることと思います。

「洗顔する」「食べる」といった、一見単純な行為の中にも、人間の多種多様な心のはたらきが関わっていることがわかります。

日常生活に瞑想を応用すれば、自分が毎日していることを、本当にきちんとしているのか、という振り返りにつながります。この振り返りが常時できるようになると、意識的な動作以外にも「気づき」が広がり、人間の実際の姿とはどういうものか、ということにまで認識が進んでいきます。

きちんとやればほんの30分で、1年間努力しても得られないような集中力が生ま

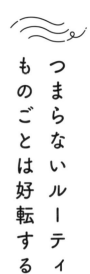

れます。

瞑想を行う際は、楽しんでください。「嫌だなあ」とか、「苦しいなあ」とか考えながらやると、効果はありません。「楽しい」「おもしろい」「気持ちよい」という前向きの気持ちで取り組むと、みるみる効果があらわれます。

何でもないことを実況中継すると、失敗がなくなる

ヴィパッサナー瞑想がきちんとできるようになると、毎日を意のままに、楽しく、心穏やかに生きられるようになります。

今まで「私は運が悪い」と思っていた人も、幸運に恵まれるようになります。そして、呼吸の一つひとつ、足の一歩一歩、手の振りの一つひとつが、楽しくなってくるのです。

こんな境地になれれば、人生において失敗はなくなります。すべてが成功ということになれば、幸せになれないわけはありません。

毎日の生活の中で、嫌だな、もうやりたくないと思うようなことは、誰にでもあ

るでしょう。

たとえば、朝起きると顔を洗いますね。歯をみがいたり、髪をとかしたり、ネクタイを締めたり……。他にも掃除や洗濯、靴みがき、宅配の受け取り、仕事ではメールや電話のやりとり、書類のコピーや整理など、私たちの日常には、毎日やらなければならない同じことの繰り返しが数限りなくあります。

こうしたことは、それ自体には意味・意義はありません。毎日同じことの繰り返しです。少しくらい怠けても誰も何も言いませんし、逆にうまくやっても「当たり前」なことなので、誰ひとり褒めてもくれません。こうした仕事を「嫌だ」と感じながらすると、こんなにつらいことはないのです。

たとえば洗濯をしながら、「自分はなぜこんなことをしているのか」とか、「自分の人生とは?」などと考えていると、心の中にどんどん不平不満がたまっていきます。そうなると、表面的にはきちんとやっているようでも、周囲の環境というのは悪くなっていきます。見たところ平和な家庭を持っていて、とても幸福なはずなのに、なぜかトラブルが起こります。

私のところには、いろいろな方が相談にいらっしゃいますが、悩みを抱えている人は、たいてい決まってこのようなことを言います。

「私は一生懸命やっています……。なのに、なぜうまくいかないのでしょう」

本人は、仕事もその他の雑用も、きちんとこなしている。

問題は、それをやっているときの心の中身なのです。表面的には穏やかに日々を過ごしているように見えても、心の中が嵐のように荒れ狂っていれば、うまくいかないのは当たり前です。

書類を整理しているとき、コピーをしているときに、「夫（妻）はだらしがない」とか、「うちの子はなぜ勉強ができないのだろう」とか、さまざまな考えが頭の中をかけめぐっていませんか?

そんなことくらいよいではないか、夫（妻）のこと、家のこと、子どものことを考えて何が悪いのか、何を考えようと大したことではない、と思うかもしれません。でも、仏教ではそう考えません。

仏教では、この世界は心がつくり出していると考えます。**心が物質を支配しているのです。**

だから、つまらない考え、愚痴っぽい考え、誰かに対する批判や不満にとらわれれば、必ず悪いことが起き、いろいろなことがうまくいかなくなります。ものごとがうまくいかなくなれば、やはり不満がたまります。不満がたまれば、愚痴や不平がさらに高まり、悪循環です。

こういう悪循環を断ち切らなくては、人は幸福にはなれません。逆に不平と不満と不幸の悪循環を断ち切れば、その人はそれだけで、幸福への道を一歩踏み出したことになるのです。

このようなことにも、瞑想は役に立ちます。たとえばコピーをするときには、「コピーをします、（原稿を）置きます、合わせます、（スイッチを）押します、待ちます」と、ただ心の中で適切な動詞を使って実況中継して、それ以外のことを頭の中から追い出します。

家で子どもが靴下を脱ぎ散らかしていたら、「靴下をとります、戻します、置きます」という具合に、実況しながら片づけるのです。そのようにして、今やるべきこと、やっていることだけに集中して、他のことを考えないようにしてみてください。

この瞑想をしていると、悩みはなくなり、同時にきちんとやらなくてはいけないことができるようになります。それだけでなく、集中できますから、他の仕事もできるようになり、人づき合いもうまくいくようになります。

そして不思議なことに、実況中継をしながら仕事や家事をすると、ぜんぜん疲れないようになります。

30年抱えた悩みが消える

この瞑想の効能は、自分だけにかぎりません。

瞑想を続けて、生活の落ち着きを手に入れると、悩み、苦しみがあることが理解できます。そして、他の人々が悩みに明け暮れていたら、効き目のあるアドバイスができる、有能なカウンセラーのようになってしまうのです。

ある講演会でのことです。一人の女性が、この瞑想を実践した体験談を話してくださいました。

その方が抱えていた悩みはこうでした。夫が定年退職後、ずっと家にいるようになり、あれやれ、これやれ、ここがおかしい、あそこを直せ、とうるさく命令ばかりするそうで、このことが嫌で仕方がなかったそうです。

当然のことだと思います。夫は、現役時代も家のことは一切手伝わないで文句ばかり言っていたので、この奥さんは夫に対して不平不満を抱いて生きてきたのです。

そんなある日、夫がカバンを忘れて外出してしまい、「駅まで持ってこい」と電話をかけてきたそうです。それを受けた奥さんの頭の中には、いつものように不平不満、怒りが湧き起こりました。

そのとき、この奥さんは私の話を思い出したのですね。奥さんは、「ああ、なるほど、私は、今、怒りました」と自分の気持ちを観察しました。

それから、家を出て夫の待つ駅まで向かう間、

「右足、左足、右足、左足……」

と自分の行動を細かく観察していきました。そして、

「カバンを持ちます。持ち上げます。渡します……」

と、心の中で実況中継をしながら、夫にカバンを渡して帰ってきました。

そして家に帰り着いた瞬間、彼女は自分がすっかり変わってしまったことに気が

ついたというのです。それまで自分が30年間抱いていた、深い悩みや苦しみが消えてしまったというのです。

この方は、何を発見したのでしょうか？　夫からの文句も、めんどうだった家事も、**瞑想で妄想を遮断してみると、とるに足らない心の中の現象にすぎないということ、悩むべき現実的な問題でないことを発見したのです。**

そして、なるほどこのようにして自分は、よけいな悩み、苦しみをつくり出していたのだということに気づいたのです。

このような事実を自分で見極めることで、この方はそれ以降、あれこれ悩まなくなり、急に人生が楽になり楽しくなったそうです。

そんな彼女の姿は、夫にも伝わります。そもそも退職後の生活に、夫自身も慣れずに戸惑っていたところもあったのでしょう。奥さんが文句も言わず楽しくしているのを見て、家事も手伝うようになり、今では自分の趣味を見つけて、二人の仲もだいぶよくなったということです。

怒りを消す方法

嫌なもの・ことを「音」として観察する

人間は生きている以上、他人にいろいろなことを言われながら生活をしていかなければなりません。絶海の孤島に独り住むなら別ですが、社会の中で、他人の言動を全部シャットアウトして生きることはできないのです。

上司が「今日は〇〇へ行ってきてくれ」と言ったり、また家族が、「今日は〇〇が食べたい」などと言ってきたりするかもしれません。

そうしたことを言われたときの状況、あなたの心境、相手の口調、前後に起きたできごとなども含め、さまざまな要素が絡み合って、あなたの心の中には、いろいろな波、心の嵐が起こります。これが強烈な苦しみの種になります。

「上司は、私のことを嫌っている」「同僚は、私を追い出したいに違いない」「妻は、私を疎んじている」「夫は、私を見下している」……などなど。

しかし、そんな観念は、正しいのかどうか誰にもわかりません。ただの妄想です。妄想も、ただ自分が心の中に抱え込んでいるだけならいいのですが、この猛毒は、すぐ他の人に感染していきます。

あなたが相手を「悪人」であるかのように扱えば、その波動は、必ず相手にも伝わります。誰だって他人から悪人のように扱われるのは嫌ですから、その人は、あなたを嫌いになります。

その人の「嫌い」という気持ちは、あなたにも伝わりますから、あなたはますますその人を敬遠し、嫌うようになります。

こうして**「嫌」という気持ちは、これは「怒り」の一変種ですが、無限に増殖していくのです**。これでは誰もが不幸になってしまいます。

しかし、これを断ち切ることができます。相手に、先ほどのようなことを言われたら、まずは、

「音、音、音」

と念じてみます。言葉の意味など解釈せず、ただ「音」と感じれば、**心の中で嵐は起こらず、「空」の状態になります**。

ときには、もっとはっきりと、人に叱られることもあるでしょう。また、悪口や陰口を叩かれることもあります。

どんなに親しい間柄、たとえば夫婦や親子、友人の間でも、けんかをすることはあります。そんなとき、相手の話の中身に気をとられるのではなく、ただ、

「音、音、音」

と念じてみるのです。他人から何かを言われて、嫌な気持ちになったとき、その原因になっているのは、煎じ詰めれば、ただの「音」です。だから「音、音、音」と念じると、感情の世界は生まれなくなって、事実だけが見えてきます。

事実とはこの場合、「音が耳から入ってきた」ということです。

見たら、聞いたら、すぐに実況中継して感覚だけで止めます。それでも感情が湧き起こってきたら、

「怒りが生まれている、怒りが生まれている、怒りが生まれている」

「嫌な気持ちが起きている、嫌な気持ちが起きている、嫌な気持ちが起きている」

と、自分の状態を観察し、確認するのです。

嫌なことが起きて感情的になってしまったら、「怒り」が「怒り」を生む悪循環

が始まります。その瞬間に、言葉で自分を確認してみてください。

ただし、このときも言葉の使い方に注意してください。

「うるさい、うるさい、うるさい」

などと、感情をさらにかきたてるような実況中継をしてしまうと、逆効果です。習慣的な感情にとらわれて、それを言葉にしているだけになってしまいます。

感情を爆発させるような状態は、誰にとっても苦しい。相手は、実は苦しんでいます。あなたまで同じ感情にとらわれて苦しむことはないのです。

感情を周囲に撒き散らす相手に、巻き込まれることはありません。

- **自分の感情を、自分から離れて客観視してみる。**
- **遠離の境地で眺める。**

このことによって、すべての負の感情は、元から摘みとられていくのです。

嫉妬を消す方法

他人より自分を観察する

仕事をしていていちばん嫌になるのは、自分に能力がないと感じたときですね。

仕事だけでなく、学校や家庭でもそうなのですが、この社会では、すべての人がライバル意識を持って（比べること）、毎日を過ごしています。

ライバル意識を燃やすということは、常に怒りの炎で自分の体を焼いているのと同じことです。だから社会全体が競争社会であるということは、「怒り」という悪い感情が、個人だけでなく、社会全体に蔓延《まんえん》している、ということを意味します。

それだけではありません。この後ろ向きのエネルギーは、個人にとっても害なのです。誰もが大変な量のエネルギーをライバル意識に費やしていますが、これはまさに浪費です。まったく無駄にエネルギーを消費してしまっています。１００キロを走ろうとする人が、ものすごい量のエネルギーをスタートから10キロくらいで使い果たしてしまったら、勝てるはずはありませんよね？　不合理なことをしているのです。こういう人は、相手の仕事、行動などが気になっていろいろチェックしたり、観察したりしています。自分のことは、あまり観察していません。

そのため、自分の能力や適性を見極める、というようなことはほとんどしない。自分に対する観察能力がありません。これではまるで、穴の開いた水道管のようなものです。せっかく蛇口をひねって全開にしているのに、出てくる水はほんの少し。自分の能力は途中で漏れて、なくなってしまっています。

では、どうしたらいいのでしょうか？　妄想しないことです。妄想とは、この場合、怒りです。ライバルに対する意識です。これは、まったくの無駄です。ライバルのことなど、きれいさっぱり忘れてしまうのがいいのです。

ある商品を得意とする会社と、別のある商品を得意とする会社があるから、ビジネスの競争が成り立つのです。すべての商品が得意な会社があったら、競争が成り立ちません。経済が成り立ちません。ライバル会社やライバル社員が何か業績を上げた。それは悪いことではありません。でも、それに対して、あなたが落ち込むことはないのです。「よかったですね。自分にはできません」と、それでおしまいにします。そして、自分にできること、自分にとって得意だと思われること、会社や社会に貢献できそうなことを、淡々とすればいいのです。

自分のエネルギーを丁寧に全部使い切る

上司が、「Aさん、Bさんはこれだけの仕事をしているよ」と言っても、「ああ、そうですか。私はAであって、Bではありません」と明るく答えればいいのです（正面切って言いにくければ、心の中で言ってください）。

仕事とは、そういうものです。世間の「できる人」「できない人」などというのは、基準のあやふやな、いい加減なレッテルにすぎません。

そもそも「できる人」と思われている人も、内実はどうかわかりません。さまざまな条件が重なって、現在は仕事がうまくいっているように見えるけれども、それがどれだけ本人の実力によるものか、それともタイミングがよかっただけなのか、本人にも、周囲の人にもわからないのです。

それに、人に与えられた時間は、有限で平等です。仕事、仕事で家庭を顧みなければ、当然家庭は崩壊していきます。仕事で成功した分、家庭を犠牲にすれば、幸せの収支はプラス・マイナスゼロ、ということもあり得ます。

他人が1時間に100個のものをつくったからといって、品質が悪ければダメでしょう。あなたが1時間に1個しかつくらなくても、一つひとつを丁寧に確実に仕上げていれば、今は評価されなくとも、どこかで誰かが見てくれるものです。

人間の判断は、常に誤っています。最も大事なことは、一つひとつの仕事をきちんと仕上げることです。多少「できる人」より時間がかかっても、それは決して無駄な時間を過ごしたことにはなりません。

自分の能力、エネルギーは丁寧に全部使い切る。ライバルへの対抗心など、よけいなことに使わず、自分の仕事のためだけに使う。そうすれば道は開けます。怒りや競争心で仕事にかかるのは、あまりにももったいない自己破壊的な行為です。エネルギーの浪費です。**怒りやライバル意識の代わりに、頭の中に実況中継を入れておけば、仕事で能力がないという問題は解決します。**

能力というのは、はじめからあるものではない。仕事をこなす中で、徐々に身につくものです。ですから、妄想を抑えて仕事をできる人は、能力も向上するのです。

停滞しているときは、やめてみる

今の作業をやめて、目の前のことを観察する

どんなに有能な人でも、スランプに陥るときがありますね。一時的なスランプもありますし、何か月も、ときには何年間も不調が続くことがあります。

たとえば、単純作業をすると嫌な気分に襲われる。やりたくない気持ちになる。時間の無駄だと思ったりする。

このストレスがたまっていくと、突然、大スランプに陥ります。ですから、スランプを避けたければ、**今、やっている小さな仕事を、まじめに実況中継して、集中して行うのです。**

先ほども触れましたが、たとえば会社でコピーをとるとき。「コピーをします、（原稿を）置きます、合わせます、（スイッチを）押します、待ちます」と、心の中で実況中継しながら、それ以外のことに心を動かされないようにします。

「めんどうくさい」とか、「今日は次にあれをして、これをして」などといった考えは頭から追い出して、目の前の仕事に集中します。

そうすると仕事はすぐ終わり、結果もよいものになるので、気分がよくなります。「うまくできた」という充実感が、脳に記録されるようになります。それはストレスという怒りの感情の反対で、怒りに対する解毒剤なのです。

これは、他のあらゆる分野で応用できます。

たとえば、明日の会議で使う書類を書いていて、いきなり書けなくなった。それでも書こうとして焦って、まったく書けないとします。書き直して、また書き直して……を繰り返していくうちに、どんどん状態が悪化していきます。

そんなときは、まず前述と同様、自分の観察をします。

「あ、書けなくなった……」と、まず自分の今の状態を客観的に見ます。そして、「止まります、やめます……」と、今の作業をやめます。どんなに急ぎの仕事であっても、今日が締め切り日であっても、堂々とやめます。

こうして「やめる」と宣言しただけでも、すぐにスランプから立ち直る人がいます。もしすぐに立ち直れなくても、焦る必要はありません。仕事をやめて、座ってもいいし、歩いてもいい。歩くのなら、「右足、左足、右足、左足」と頭の中で実況しながら、歩いてみてください。

立ち直りのきっかけをつくる

仕事のことから意識が離れれば、ホッとするはずです。気分転換に、コーヒーでも淹《い》れましょうか。

「コーヒーを淹れます、（カップを）とります、とります、（カップにインスタントコーヒーを）入れます、（ポットに手を）伸ばします、（スイッチを）押します、待ちます、（スイッチを）離します」などの適切な言葉で、実況中継してみるのです（ドリップコーヒーならば、それに適した言葉を実況してください）。

それから、ミルクや砂糖を入れることなども、実況中継で行います。席に戻り、「とります、運びます、飲みます、味わいます、飲み込みます」などの実況でコーヒーを飲む楽しみを味わうのです。

こうしてコーヒーを飲む動作の一つひとつに集中していれば、その前にしていて行き詰まった仕事のことは、その間完璧に忘れているはずです。完璧に忘れたら、もう一度その仕事に戻ってみてください。スランプからは、立ち直っていると思います。

成功する人は、いったんスランプに陥っても、そこから抜け出す術《すべ》を知っています。多少調子が悪くても、自分でそのことに気づくと、自分なりの対処法を実行して、短期間で抜け出してしまう。それが結果として「いつも成功している人」に見えているだけです。

人によって、対処法は異なります。コーヒーを淹れること、旅行に出かけること、お菓子を食べたり、おしゃべりをしたり、またはパズルを解くとか、人によりさまざまです。

日常のちょっとしたことでいいのです。ありとあらゆる動作や行動が、実況中継をするだけで修行になり、立ち直りの強力なツールになります。

執着しないこと

ブッダ流「いい仕事」

ブッダは、「いい仕事」について次のように教えています。

いい仕事というのは、ライバルに対しても手を貸してあげる、助けてあげるような仕事のことだ、と。また、ライバルが自分よりいい仕事をやり遂げたなら、自分のことのように喜んであげる。ライバルが困っているのを見たら、「何か手伝うことはありませんか」と手をさしのべてあげる。第2章「慈悲の瞑想」でもお話ししましたが、このようにいつくしみの心を持って人と接すると、相手にもやさしい感情が芽生え、社会全体に、いつくしみの心が広がっていきます。

私の個人的な経験をお話ししましょう。スリランカの大学生時代のことです。上級生になると、ブッダの教えをいくらか理解できるようになり、自分の人生の中で、その教えをまがりなりにも実行してみようと思いました。

同級生同士は仲良く生活しているが、互いに激しいライバル意識を持っている。みんな、認められるリポートを書きたい、相手よりいいものを書きたい、高い点数をとりたいのです。私は、一緒に生活する仲間に対して、相手が負けたほうがいいと思う恐ろしい気持ちは、仏教に反するのだと気づきました。そこで、相手の課題についても、心配して気遣うように心がけたのです。

たちの悪いライバルがいました。彼は、内容にかかわらず私の発言に必ず反対し、その意見は違うと言うのです。みんな異論を出し合う教室でしたので、反対意見は歓迎しました。ただ反対の理由がわかりません。反対するならば、その理由を教授と同級生の前で明確に発表しなくてはいけない。これを一度もやったことがないのです。そこで思いました。この人は私に対して、激しいライバル意識を持っている。そのうえ、一度も自分の意見を発表しない。自分には何の意見もないか、または自分の意見を他人にとられることを惜しんでいるか、どちらかです。さらに調べると、自分の意見も研究する能力もあるわけではなかったのです。ただ、むやみに私をつぶすことで、自分の立場が成り立つと思ったのでしょう。

私は、この人のことをまじめに心配することに決めました。わからないことを教えたり、自分が研究するところや、読んでいる文献を紹介したりしたのです。彼は、徐々に研究の仕事を学び、教授にも認められるようになりました。他の同級生は、私に忠告しました。「あなたは自分で自分の首を絞めるようなことをしているでしょう。あの人は、あなたにとって強力なライバルではないですか？」

私の答えは、「ものごとは感情で判断するものではありません。能力です。もし彼に私より優れた能力があるならば、トップグレードで卒業しても、それは当たり前のことでしょう」。

彼は研究の成果を上げて、大学院に合格しました。私も人を助けた能力が加わったためでしょうか、首席で合格しました。その人も、私の首席合格は当然のことだと喜んで嫉妬しませんでした。

周囲のものごとを深く観察すること。観察によって、必ず道は開けてきます。状況を把握しないで苦労をどんなに重ねても、結果はゼロです。

ヴィパッサナー瞑想は、観察力を飛躍的に高めます。繰り返し行えば、**すべてのものや仕事は、時間と順番があって成り立つことが見えてきます**。「能力というのは、ものごとに執着しないで離れて見ること（遠離）」だと、理解するのです。

第5章

瞑想と心の関わりについて

何でもフィルターをかけて見てしまう心のはたらき

「私」は不確かな感覚の集まり

本書で解説した瞑想を実践すれば、あなたがふだん口にしている悩みや問題のほとんどは、いともたやすく解決してしまうことがわかると思います。

今までもお話ししたように、すべての問題の原因は「心」にあり、心をきれいにすれば、当然問題は消えるからです。

人間の心は、自分自身のはたらきによっていつも汚れています。生きている限り、外部からの刺激にさらされ続けるのです。目で何かを見たとき、耳で何かを聞いたとき、鼻で何かを嗅いだとき、舌で何かを食べているとき、体が何かに触れたとき、そして何かを思ったり感じたりするとき、人間はそれを認識します。

「私」というのは、こうした感覚の集まりです。

感覚がなければ、「私」もなくなります。

つまり、人間の五感である「眼・耳・鼻・舌・身」と、心で思うことの「意」(「六根」)と、六根の対象である「色・形・音・匂い・味・触れられる対象・心の対象」(これらをまとめて「色・声・香・味・触・法」=「六境《ろっきょう》」といいます)があってはじめて、私たちは「私」という実感が得られます。

「六根」という情報のチャンネルに、「六境」という情報が入ってはじめて認識ができあがります。しかし、人間の感覚というのは、あてになりません。人間の認識は、その時々の判断によって変化していきます。

たとえば、ある音を聞いたとします。ある人は、それは「音楽」だと判断します。しかし別のある人は、それを「自分の子どもの声」、また別の人は、「友人の声」「カラスの鳴き声」「犬がほえた声」などと、バラバラに判断するかもしれません。

その判断によって、あなたの心も変化します。あなたの耳に入った声が、自分の嫌いな人の声か好きな人の声かによって、心の中はまったく違う状態になります。音楽か雑音かによっても違います。音楽でも、好きか嫌いか、好きな音楽でも、それを聴いたときの時間と場所、忙しさや周囲の状況によっても心の状態は変わります。

私たちの感覚は、このように不確かなものです。

なぜなら、人間にはものごとを「ありのまま」に見る能力がないからです。

必ず、ある種のフィルターをかけて見ているのです。

フィルターを通した認識は「捏造」

では、フィルターとは何でしょうか?

一つは「欲」です。**私たちは常に、自分が「こうあってほしい」という思いのままに対象を見ます**。つまり、「そのまま」でなく「わがまま」に見るのです。

二つ目は、「怒り」で認識するフィルターです。そのときは「**嫌だ」と判断してしまう**。そう判断すると、すべて嫌なものに見えてきます。逆に好きと決めつけたものは、何であろうと好き、すばらしいというふうに見ます。

三つ目に、「無知」というフィルターがあります。人間は、この地球上で自分たちが一番偉いと思っています。そして、その見方を立証するため、強引に情報

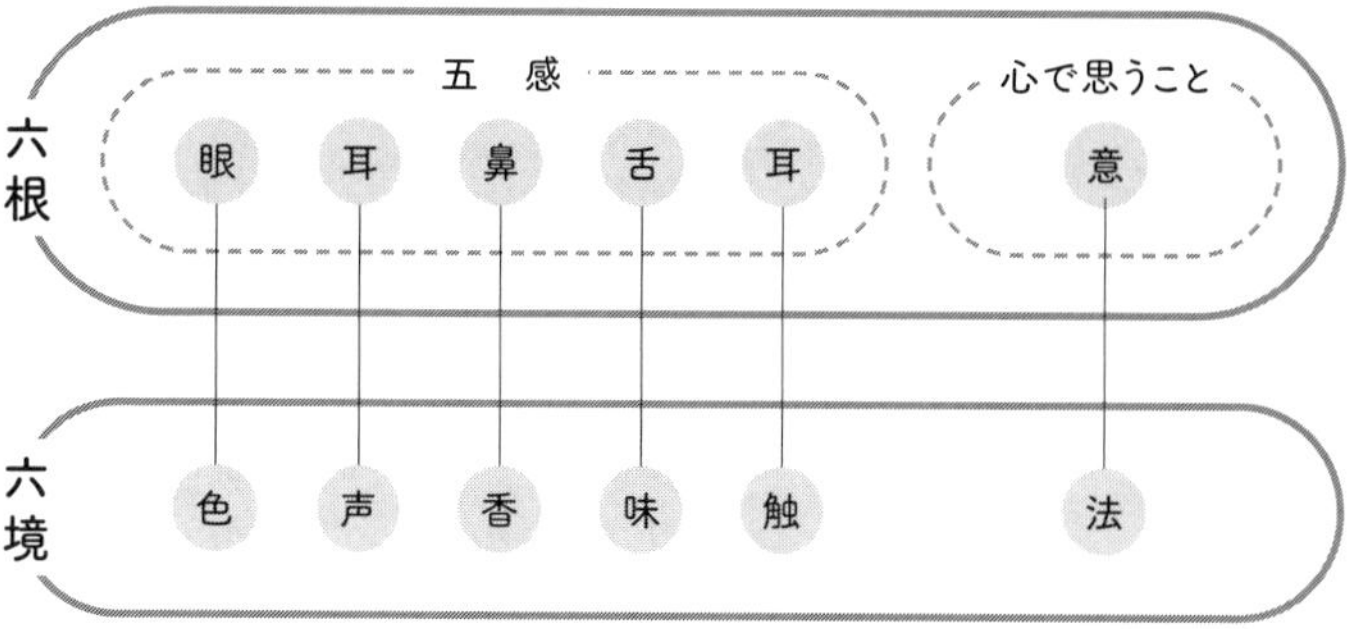

認識はいつも変化する

やデータを探しています。

たとえば、人間には知能がある、他の生命には知能がない。だから人間がいちばん偉いのだと思ってしまいます。

でも、見方を変えれば、知能がなくとも、他の生命は何の問題もなく堂々と生きています。

他方、**人間は、たくさんの知識を持って苦労しないと生きられません。**火のおこし方、道具のつくり方・使い方を知らないと、たちまち食べることもできなくなって死んでしまいます。

それでも人間が他の生命より偉いと考えている人が多いのは、その見方に合うデータや情報だけを拾って見ているからです。

これら三つのフィルター（欲・怒り・無知）で捏造《ねつぞう》された認識を、パーリ語で「パパンチャ（papañca）」といいます。日本では「戯論《けろん》」と訳されていますが、「捏造」という日本語がぴったり合っています。間違った認識による妄想・幻想のことだと理解してもよいのです。

もう少し詳しく説明してみましょう。この三つのフィルター（障害）を、ブッダは「**貪瞋痴**《とんじんち》」として整理しました。ひと言でいうと、「貪」は欲望・欲求、「瞋」は怒りや妬《ねた》み、「痴」は無知を表します。

「貪」は、何でも自分のものにしなければ収まらない心のエネルギーです。物欲、名誉欲、金銭欲、所有欲など、「貪」から生まれる欲は、この世のほとんどのトラブルや問題の原因になっています。

「貪」は自分の思いどおりにしたいというエネルギーですから、自分の利益だけを考え、他人の利益を考慮しないという態度につながります。

「瞋」は、ものごとを嫌な目で認識するとき「瞋」のフィルターを通しているのです。「貪」のフィルターで、好きなものだと期待して認識したところで、結果はそ

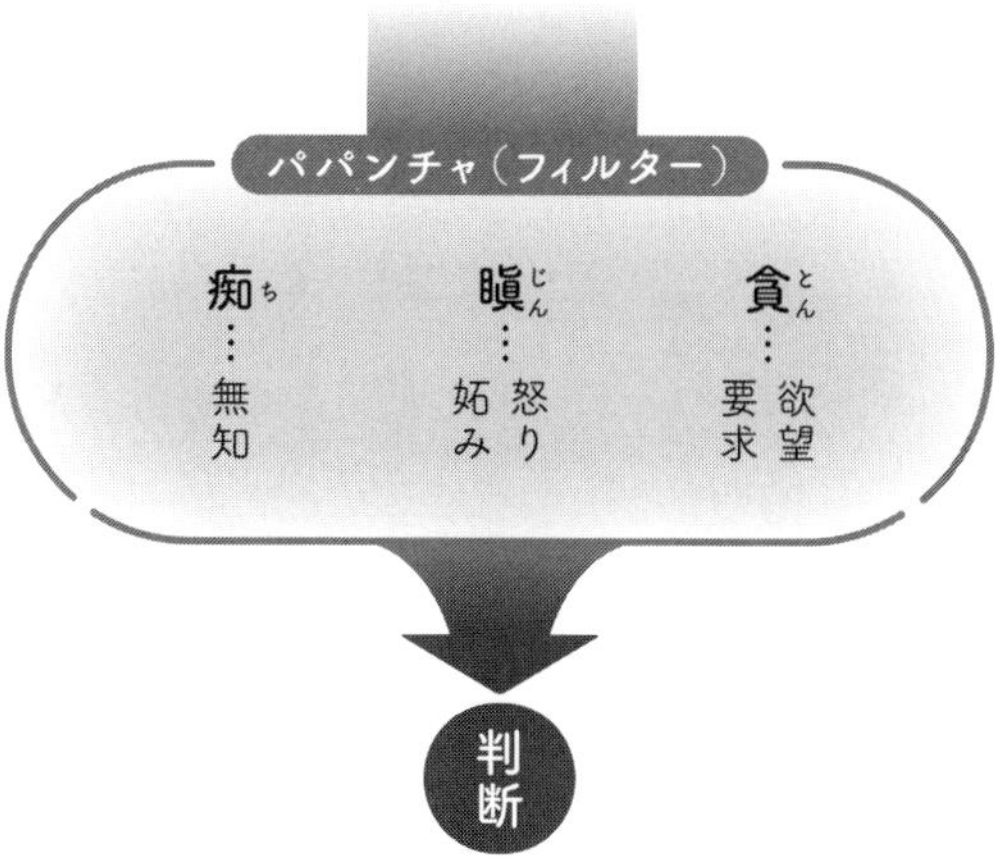

うでなかった場合、「瞋」があらわれることもあります。

たとえば、おいしいものを期待して食べたのに、期待外れにまずかったら、嫌な気分になって怒りが湧いてきます。「瞋」が欲をさらに加速することもあります。食べたものがまずかったら、その嫌な気分を消すために、無性においしいものを食べたくなるのです。

「痴」とは、ありのままに認識しない私たちのふつうの認識状況です。知識がないということではありません。知識があるとき、さらにありのままに認識するのではなく、知識というフィルターを通すのです。

ありのままに認識するためには、フィルターを壊さなくてはいけません。

「捏造」しない唯一の方法

こうしたフィルター（障害）によって曇らされているがゆえに、人間は対象をそのままに見ることができません。

たとえば、誰かがすごくかわいい犬を飼っていて、あなたは飼っていないとします。道ですれ違ったりすると、とてもかわいい犬なので、「かわいいなあ」と素直に思います。

その後、自分の犬を飼い始めたとします。道で以前出合った犬を再び見かけたとしても、前と同じ気持ちでいられるでしょうか？　前は「かわいい」とだけ思っていたのに、今は「自分の犬のほうがかわいい」とか、「かわいさは同じくらいだが、あっちのほうが賢そう」とか、いろいろなことを考えてしまいます。つまり、「欲」が入ったことで、パパンチャが生まれたのです。

人間の苦しみの根本は、パパンチャという捏造機能。だから、これを破らないと、

人は幸せにはなれません。このパパンチャを破る唯一の方法が、ヴィパッサナー瞑想です。

心に起きている現象を、人間の歪《ゆが》んだレンズ、汚れたフィルターを通して見るのではなく、起きていることをそのままで見てみよう、ということなのです。

そのままで見るためには、何を体験してもそこに判断を入れず、体験をそのままで見つめる必要があります。判断はやめます。思考は邪魔です。

ヴィパッサナー瞑想とは、考えない、判断しないトレーニングなのです。

感情には釣られない

希望なんて叶わないほうがいい⁉

人間の悩みは、ほとんどが人間関係に由来していると、前にお話ししました。

「上司が、部下が、取引先が、妻が、夫が、恋人が、子どもが……言うことを聞いてくれないのです！」

今、挙げたセリフをよく見てください。人間関係の悩みは、究極的には「みんなが私の希望どおりに感じてくれない、考えてくれない、行動してくれない」という悩みではないでしょうか？

誰しも本音では、世界中のすべての生命に対して「自分のため、自分の利益のため、自分の幸福のために行動してほしい、活動してほしい」と願っています。私たち人間は、みんなそうなのです。

しかし、すべての人が、他の誰かの思いどおりに動く社会というのは、まったく自由のない社会です。人々には行動の自由がありません。それだけでなく、Aという人の要望と、Bという人の要望は違うのがあたりまえですから、あなたが命令される立場だとしたら、AとB、両方の要求を100%叶えるのは不可能です。

「すべての人の要望が叶えられる社会」というのは、人間の自由を前提にすると、論理的に成り立たないことがわかります。

ラーメン屋さんにたとえてみましょう。人通りの少ない道で、ある人が屋台のラーメン屋さんを始めました。しばらくして、もう一人別の人がラーメンの屋台を開きました。お客さんが少ないので、互いにあらゆる手段を使って自分のラーメンをより多く売ろうとします。互いに「自分のラーメンのほうがおいしい」と言ったり、相手が価格を安くしたから、こちらも下げるとか、あらゆる手を使って相手をたたき落とそうとします。二人とも、「自分のラーメンを買ってくれ、でも、あなたのラーメンはいりません」と言い合っているのです。

私たちの人間関係は、この2軒のラーメン屋さんのようなものです。自分の利益優先の考えを捨て、互いのラーメンを食べることにすれば、争いがなくなり、互いに幸せに生きられるのに、できないのは、エゴ（我）があるからです。

言葉で冷静に考えれば、「みんなが、自分の都合のいいように動いてくれる」というのは、あり得ないことだとわかります。しかし、心の中では、そのあり得ないことをいつも願っているのです。

人間の「希望」「夢」「期待」といったものは、すべてこうした願望を言い換えただけのものです。だから「希望」「夢」「期待」というのは、決していいものではない。すべての人間の願望が叶わないこと。これほどいいことはありません。これこそが救いです。もし叶ったならば、人類の破滅です。

満たされない渇愛が、不幸のスパイラルをつくる

エゴは、「自分は偉い、だから他の生命は、私の思いどおりになるべきだ」という観念です。この観念を追い出さないと、人間は幸せになれません。

「何かを思いどおりにしたい」という欲求は、渇愛です。

渇愛の根本にはエゴがあります。しかも渇愛には限界がありません。一つ手に入れれば二つ、二つ手に入れれば三つ……と無限に膨らんでいくのです。**人間の欲望**

は無限に膨らむのに対して、世界にあるものは有限ですから、渇愛は絶対に満たされることはありません。満たされない欲望（渇愛）から満たされない思い（苦）が生まれ、苦がまた渇愛を生む。このようにして、人間は不幸になっていきます。

ブッダは、瞑想でしかこうした不幸の根を断ち切ることはできないと言っています。あらゆる判断を停止し、心に実際に起きていることだけをモニターしていくと、「感覚」が見えてきます。

どんな生命にも感覚があり、常に動いています。私たちは、生きる上で、怒ったり、笑ったり、歩いたり、座ったり、勉強したり、仕事をしたり、考えたり、いろいろなことをしています。それらはすべて、ある感覚を受けて反応したことから成り立っているのです。

「感覚がある」ということは、「命が生きている」ということです。しかし人間は、他の生命と違って、この感覚を元にさまざまな誤った思考・観念・概念・感情などをつくり出しています。それは前に、パパンチャ（捏造）という言葉で説明しました。悩み、苦しみも、ありとあらゆる問題も、パパンチャにより生じるものです。

認識は、欲望などの煩悩によって歪められているから、パパンチャというのです。ですから、ヴィパッサナー瞑想によって、パパンチャが起こらないように努力してみるのです。パパンチャを引き起こさない努力によって、心が成長します。清らかになり、煩悩がなくなります。同時に、生きるとは何かということを、ありのままに発見するのです。それが智慧です。

感覚の中には視覚、触覚などの五感以外に、考えること（意）も入っています。感じたものについて、私たちは感情を引き起こします。それから、思考や概念などを引き起こす。「美しい音楽だ」「おいしい食べ物だ」「きれいな人だ」などです。その思考・概念は感情に操られたものです。**それらが止まることなく回転し、新たな思考・概念をつくり出す。その思考・概念は、より強い感情に操られたものになります。**ちょっとしたできごとでも、精神的にまいってしまうところまで、いともかんたんに膨張することはあり得るのです。

不幸のスパイラルから脱出する

例えで説明します。仕事をしていて「あなたは何をやっても失敗する。見込みはない人間だ」と言われたとしましょう。感情が引き起こされる。落ち込む。相手に対して怒りが起こる。自分に対しても、怒りが起こる。

本来なら、その人が別なことをし始めたり、仕事に戻ったら、その嫌な気持ちが消えるはずです。しかし、そうではありません。考え出すのです。相手の言葉を繰り返し、頭の中で回転させます。それをすればするほど、嫌な気持ちが、怒りも自分に対する卑屈な感情が、どんどん膨らみます。感情が膨らめば膨らむほど思考が回転し、さらに感情が膨らみます。やがて感情がたまりすぎて、いてもたってもいられなくなります。ストレスがたまり、仕事を思い出しただけでも腹痛になったり、身動きができなくなることもあります。あるいは、家族が何か聞いただけでも、子どもが家の中を走っただけでも、激怒する可能性はあるのです。

どちらにしても、感情に操られた思考・概念の回転は、断言的に恐ろしいものです。この説明で、私たちの命は、不幸になる、出口のない悪循環の迷路に閉じ込められていることが理解できると思います。迷路から脱出する方法は、意外にシンプルです。見たり聞いたりするときは、感覚が生まれます。そこから感情に釣られて、思考・概念・妄想などをしないことに挑戦してみるのです。

瞑想で見えてくる「智慧」

知識と智慧の違い

人間の判断は間違いばかり、という話をしました。六根に情報が触れると、認識が生まれます。それが「知る」ことです。たとえば、「花ということ知る」などです。しかし、この「知」は正しくないのです。ふつうの知は、「誤知《ごち》」です。これに対して正しいものの見方を「正知《しょうち》」と呼びます。ヴィパッサナー瞑想では、「誤知」を「正知」に変えるトレーニングをしています。

あなたは「頭のいい人」という場合、どんな人をイメージしていますか？　いい大学を出ている、いい会社に勤めている、頭の回転が速い、話がうまい……など、いろいろなイメージがあるでしょう。そうしたイメージに共通するのは、事実やデータ、つまりたくさんの知識を、頭に詰め込んでいる人、ということです。

知識はたしかに大事です。知識がなければ、人間はこの世界で生きていけません。人間は他の生き物と違って、知識の力を借りないと、一瞬たりとも生きていけないのです。畑を耕し、作物を植え、収穫する。あるいは猟に出かけ、獲物を捕ってくる。海や川で魚を釣るには、竿や針を用意しないといけません。

このどれ一つをとってみても、知識がないと何もできないのです。ですから仏教では、知識というものを大変重んじます。「無知であること、ものごとがわからないことは大変よくない」とブッダは言っています。

知識はたとえ本来「誤知」であっても、生きる上では欠かせない道具です。下を見て歩く人の前に、車が飛び込んでくる。それを後ろから見ていた人が、「危ない」と叫ぶ。しかしその人が、「危ない」という言葉を「音だ」として何も反応しないならば、車につぶされます。やはり、「危ない、よけなくては」と知識を使って体を動かさなくてはならないのです。「レタスは葉っぱです。食べられます。ユーカリの葉も葉っぱですが、食べたら毒にあたって病気になります」。このような知識は、生きるためには必要です。

しかし、この知識は「**真理**」ではありません。ユーカリの話は、コアラには通じません。「ユーカリの葉は毒です」という知識は、コアラには嘘になります。

ヴィパッサナー瞑想の実践で発見する真理は、知識ではなく「智慧」です。世間で通じるものは、知識です。誤知ですが、世間的には正しい知識です。

仏教では、世間で通じる知識は「世俗諦《せぞくたい》」、ヴィパッサナー実践で発見する真理は「勝義諦《しょうぎたい》」として区別します。ですから、仏教では決して、世間の知識を否定しません。批判もしません。人間が知識によって引き起こす危険を、できるだけ、また知識によって解決しようともしています。

古今東西、知識にはいろいろな定義がされてきましたが、私は「知識とは概念である」と定義しています。私たちの頭の中には、生まれたときからいろいろな概念が入ってきます。生まれたときの赤ちゃんは、頭の中に概念は何も入っていません。ところが成長するにしたがい、まわりの大人が一生懸命に概念を詰め込みます。そして大人になったとき、頭の中は概念でいっぱいになっています。

だから、ふつうの社会の中では「○○について知っています」というのは「○○の概念は頭の中にあります」ということを意味します。「あなたは織田信長について知っていますか?」という問いに「知っています」と答える人は、「織田信長」という概念が頭にある、ということを答えているのです。

知識は少量でも幸福になれる

こういう概念で頭の中がいっぱいになっている人を、世間では「知識人」と呼びます。知識人にも2種類あります。ただ概念をたくさん知っているだけの人と、その概念を何かに応用できる人です。**知識を応用する力とは、つまり「智慧」です。**この智慧は、仏教でいう解脱の智慧とはまた違うものです。知識を応用する能力で、仏教用語で「方便《ほうべん》」といいます。知識をいかに有効的に応用できるか、という能力の有無が人生を左右するのです。

同じ教育を受けて同じ知識を詰め込んでも、ある人には役立ち、ある人にはまったく役立たない。その違いは、智慧（方便）のはたらきがあるか否かによって決まるのです。知識が少なくても、応用能力に富んだ人は、それで不幸になることはないのです。

ここで朗報です。ヴィパッサナー瞑想の実践で、この応用能力がかなり向上します。知識は大量でなくても、応用できるならば、その人は幸福になるのだと、ブッダは説いています。『法句経』19、20の偈《げ》（詩）を参照して、説明します。

「仏教をよく学び、知識は豊富で、他人にも教えてあげる先生になっていても、自分で応用しない人は、他人の牛を日雇いでめんどうを見る人と同じです。牛から得られる恵みには、何の縁もありません」

インドでは、牛は宝物です。肉食が少ないインド人にとっては、牛乳を加工することで得られる五味《ごみ》（乳味《にゅうみ》・酪味《らくみ》・生酥味《しょうそみ》・熟酥味《じゅくそみ》・醍醐味《だいごみ》）は最高のぜいたくなのです。牛を飼うことの意義は、五味に恵まれることですが、日雇いの牛飼いには、その権利はありません。

仏教の知識が豊富な出家者であっても、応用しない人は、ブッダの教えの醍醐味には縁がないのです。わずかな仏教知識であっても、それを応用する人（実践する人）は、仏教の醍醐味の持ち主です。牛飼いと、牛の持ち主の差は大きいのです。

もう一つ問題があります。実践する気持ちは毛頭なく、巨大な知識人になろうと思っても、勉強できる量には限界があります。世の中にある知識、すべてを学ぶ能力も時間も、一人の人間にはありません。ですから、知識だけの人はいつでも不完全です。知識によって、幸福になることもありません。応用能力がある人だけが、大いに幸福を感じるのです。

智慧は人間の宝物

瞑想を続けていくと、「知識とは、ただの現象にすぎない」ということがわかります。人の悪感情によって危険な知識を練り上げることもできるのだと理解します。今までの瞑想実践する人は、自分にある知識は絶対、他人の不幸に応用しません。知識はより有効に、より効率的に、人々の幸福のために応用するのです。

知識は誤知です。瞑想実践で、誤知が正知に変わります。このことを仏教では「正見《しょうけん》」といいます。誤知を克服して正見に達した人に、解脱の智慧があらわれるのです。

ブッダは「人間の宝物は智慧である」と言います。「無知の状態で生きていても何の意味もない。いくら長生きをしても無意味だ。智慧を持って生きることは、たとえ一日の寿命であっても、無知のまま百年生きるよりははるかに尊いのだ」と説いています。

ゆれ動く心をモニターする

純粋な「心」は存在しない

瞑想実践は、心を育てるのだと書きました。ここで知っておきたいのは、この「心」というものはいったい何か、ということです。

ここでは、仏教がいう心について説明します。一切の現象は無常であると説かれているので、人に霊魂があってもそれは永遠不滅になりません。心も当然、無常なものでなければなりません。

わかりやすくするために、かんたんな単語を使います。心とは、「生きている、命がある」という意味です。生きている、ということは、客観的に調べられます。呼吸したり、食べたり、老いたり、病気になったりすることが、生きていることです。一瞬たりとも止まることなく、死ぬまで生きているのです。

この**生きるはたらきが、心です。絶対的で変わらないものではありません。「生**

きている」ということは、変化することそのものです。

次の説明に入りましょう。私たちの体という物体が、情報を認識する。見る、聞く、味わう、感じる、考える……。それは生きることです。それをするために、六根で感じなくてはいけないのです。その感じること（感覚）が、心のスタート地点です。感じた「知」に対して、好き嫌いなどの感情が入り込む。それから、「意」で概念をつくったり考えたりもする。

このように、「心のはたらき」という巨大なシステムが成り立っています。この肉体から感覚が消えた瞬間に、人は死にます。命があった体が、物体になるのです。

すべての生命の心の本質は、基本的に同質になるはずです。虫の心も、私の心も、本質的には同一なのです。それは「本質的」にそうだというだけです。

実際は、各個人の心は違うものです。同じ人であっても、朝の心と午後の心は違います。例えていうならば、心は水のようなものです。水がどこの水でも本質的には水に変わりないように、人間の心もまた、誰の心であっても、みな同じようなものです。本質的には同じものです。

しかし、水といっても、厳密にいうといろいろな混ぜ物があったりして、二つとして同じ水はありません。どんなに純度が高くても、その成分は微妙に違っています。さらに水は、その中に溶けたものによって、お茶になったりコーヒーになったりします。お茶もコーヒーも、別々の飲み物です。

しかし、お茶にもコーヒーにも含まれる純粋な水は、同一です。溶けているものによって、別々な飲み物になるのです。

この世で、100%の純粋な水が存在しないのと同じく、純粋な心も存在しません。心といえば、必ず何かが溶けているのです。

心の善し悪しは「心所」しだい

心に差をつけるもの、心に溶けるものを、仏教用語で「心所《しんじょ》（チェータシカ）」といいます。

仏教心理学には、心所について詳細な分析があります。

一人ひとりの心は違うものだと、また、一人の心であっても、瞬間的に変わっていくのだと言うと、本質的に同一であるはずの心に、差をつける心所がたくさんあるのではないかと思われます。しかし、そうではありません。

仏教心理学では、心所を52にまとめています。それはいくつかのカテゴリーに分けられていて、心所同士の組み合わせにも決まりがあります。仲間になって一緒に行動する心所、決して一緒に行動しない対立型の心所もあります。

また、各心所は、「強」になったり、「弱」になったりします。そのように、数少ない心所で、たくさんの心ができあがるのです。

心所のカテゴリーは三つです。悪い心をつくる不善心所（14）、善い心をつくる善心所（浄心所）（25）、善悪の区別がない心所（13）があります。善悪の区別がない心所は、同他心所といいます。不善心所と一緒になると不善の仲間になり、善心所と一緒になると善の仲間になるからです。この13の中にも、認識をつくるために欠かせない最低の心所が、七つ入っています。その七つを、共一切心心所《きょういっさいしんしんじょ》といいます。

私たちの心の善し悪しは、心の中に溶け込んでくる心所によるものです。

日常生活は問題なく、失敗することもなく、幸福に生きられるために、必ず知っておかなくてはいけないところだけ説明します。

私たちに悪行為をさせる、人生を失敗させる、不善心所について理解しましょう。14種類の不善心所の中で、親分としてはたらくのは、前にも紹介した「貪瞋痴」です。

おかまいなしに相手を引き込む不善心所

「貪（ローバ）」はほしがる気持ち、なんでもかんでも自分のものにしたい、自由にしたい、という気持ちです。欲があっても悪くないと、また欲があるからこそ人生は楽しいのではないかと思われているでしょうが、それは大間違いです。

貪のエネルギーは、相手の考えなどおかまいなしに自分のほうへ引き込もうとするものです。たとえば、ある人が一方的に恋愛感情に陥ったとしましょう。貪のエネルギーが強いと、自分が熱愛しているにもかかわらず、近づいていけばいくほど、相手は警戒して遠ざかっていきます。それで自分の目的には達しないのです。**欲とは、自分のほうへ引っ張るエネルギーです。そのエネルギーを感じた相手は、そこ**

から逃れようとする一種のリアクションを起こすわけです。

このエネルギーを発し続けていると、あなたはまわりの人からどんどん疎まれ、嫌われ、やがて誰にも相手にされず、寂しい生活になっていきます。

また、こういう人は、自分の利益だけを考え、周囲の人の利益は考えませんから、ケチになっていきます。しかもたちの悪いことに、自分が独りよがりだということに気づきません。自分がなぜ人から疎んじられ、嫌がられるのかわからないまま孤独になっていきます。

ですから、欲の心所で生きていると、人生は徐々に不幸のほうへ進んでしまうのです。

相手を壊す不善心所

2番目の不善心所、「瞋（ドーサ）」は怒りのエネルギーです。貪とは逆に、相手にぶつかり相手を壊してしまうエネルギーです。このエネルギーが発せられると、とにかくその人は相手にぶつかっていきます。ぶつかって自分を通そうとばかりします。こちらからエネルギーを出して相手を倒そうとすると、反射的に相手も、こちらに攻撃のエネルギーを発射するのです。結果はぶつかり合いなのです。

瞋とは、かんたんにいえば「怒り」のことですが、怒りにもいろいろ種類があります。気持ち悪くなること、相手を怒鳴ること、攻撃すること、殺害することなどのほかに、気に入らないとか、満足できないとか、心地よくないとか、何にでも文句をいいたくなるとかいった心も、すべて瞋が生み出しています。そのため、すべての怒りをまとめて、瞋という心所にしているのです。

怒りがあらわれた時点で、精神的な病気に感染したと思ったほうが安全です。

しょっちゅう腹が立つとか、ものごとを常に悲観的に見る人、何にでも否定的な感情を抱いている人は、この瞋に蝕《むしば》まれている可能性があります。瞋とは、人間であることによってどうしても身についてしまう、不善心所の一つです。

瞋心所は、欲とコインの裏表のように機能します。欲が生まれる心に、必ず怒りも生まれます。欲が叶わないと、怒りがあらわれるのです。強い欲があれば、強い怒りがあらわれます。残念なことに、誰にでも欲があり、その欲が怒りをつくり出すのです。

たとえば、私たちはみんな「長生きしたい」という欲望（欲心所）を持っています。この気持ちがあまりにも強いので、長生きしたいという希望が、ストレスになるのです。いつもびくびくして生きることになります。まわりの人々やさまざまなものごとによって、自分の安全が脅かされるのではないかと、いつも警戒しています。そのため、他の命に対して拒否感を覚え、不満や不平といった形で攻撃することになります。自分が攻撃すれば、当然相手も攻撃してきますから、世の中は攻撃と反撃ばかりになります。

自分が生きたい、幸せになりたい、という気持ちばかり強くなって、まわりの人や物を敵に回すと、相手もこちらを敵としてとらえますから、さらにこちらも、攻撃を強めることになってしまいます。

「怒り」で心がいっぱいになると、心は病気になり、次には脳も調子が悪くなり、仕事や勉強もうまくいかなくなります。体も悪くなります。

「怒り」というのは、人だけが対象ではありません。たとえば、人は好き嫌いなく何でも食べたほうがいいと思っている。しかし人によっては、食べる物の品質にすごくうるさいのです。化学肥料を使っていないものがいい、有名産地の有名銘柄でないとダメだとか、とても注文が多くなるのです。そういう人が、何も気にせず食べる人に「私の食べている野菜は安全ですが、あなたの食べているものは、毒です」と親切な忠告をすることがあります。「私が野菜をあげますから、それだけを食べてください。そうしないと病気になりますよ」と言うのです。

食べ物にうるさくなく、手に入ったものに文句を言わず適当に食べている人が、病気にならないケースはよくあります。食べ物にうるさくない人の心は、穏やかです。クレームをつけないので、欲も薄いのです。食べ物に厳密にうるさい人の心は、怒りで汚れています。怒りは心の毒です。食べ物を分解し、消化すること、体のエネルギーに転換することは、心の仕事です。毒に汚染された心が肉体の管理をするから、肉体の細胞システムが壊れるわけです。明るい心で食べ物に気をつける人なら、元気で長生きすることはできるでしょう。

具体的に言葉や行動で怒りを表さなくとも、心の中に生まれる「怒り」は、その瞬間から自分を蝕みます。

瞋、すなわち怒りは、他の形でもあらわれます。嫉妬、吝嗇《りんしょく》（ケチ）、後悔、落ち込みなども、怒りが呼び寄せる仲間です。一緒に行動すると、凶暴になるのです。

瞋心所は、自分が生きている環境も敵に回すものだと理解しておきましょう。家族さえも、瞋に支配されていればライバルになってしまいます。わが子であっても、親の心が怒りに支配されていると、親の敵になるのです。敵やライバルだけつくることは、賢い生き方ではありません。誰とでも仲間になってしまう生き方こそが、賢い生き方です。

表に出てこない不善心所

3番目の不善心所は、「痴（モーハ）」です。無知という意味で、それはなかなか気づきにくい不善心所です。欲と怒りは、心の表に出て行動するので、理解しやすいでしょう。痴とは、舞台裏で欲と怒りを演出するディレクターです。ディレクターの希望どおりに欲と怒りが演出して、人生を不幸のどん底に陥れるのです。

このディレクターさえいなければ、人間の人生という舞台から、欲と怒りが消えてしまうのですが、問題は、痴というディレクターは、顔を出さないので発見できないことです。

私たちは四六時中、欲か怒りで興奮しているわけではありません。欲の衝動も、怒りの衝動もないときがあります。そのときの気分はどうでしょうか？　そのときは、ディレクターの痴が独りぼっちでいるのです。怒りも欲もないときは、私たちは「つまらない、退屈、やる気が起こらない、何もやりたくない」などの気持ちになります。眠気が出てきて、横になりたくなるのです。まわりが活発に行動すると、自分のことを「放っておいてくれ」と言います。これが、無知（痴）の顔です。

無知は不幸の親分なので、もっとたくさんの顔を持っています。よく「妄想にふける」ことがあります。どうでもいいこと、根拠のないこと、何の役にも立たないことを妄想する場合があります。そのときは、痴心所が表ではたらいています。妄想にも、欲の妄想、怒りの妄想、という二つがあります。それで区別できます。欲にも入らない、怒りにも入らない妄想は、痴の妄想です。

理性が機能しないとき、判断できなくて悩んでいるとき、中途半端でいるとき、仕事や勉強に集中できなくて、「おもしろくない、退屈だ」と思うとき、無知が顔を出しているのです。

貪（欲）と瞋（怒り）よりは、痴（無知）の毒性が強いのです。無知が機能して

いると、**何の行動も起こせません**。しかしその代わり、突然激しい欲や激しい怒りが、爆発してあらわれます。それはとても危険です。異常な欲と怒りで、人は精神的な病に陥るときもあります。それも無知のはたらきです。

そして、**何の生産性もない妄想に、私たちの人生の大部分を費やしています。それで人の能力は低下するのです**。やるべきことをやらないで、後回しにします。

瞑想実践を紹介したのは、この実践方法が、「貪瞋痴」に対する解毒剤になるからです。瞑想実践を学べば、いつでもどこでも、自分の心に起こる感情の変化を詳細にモニターすることができます。

「自分は怒りそうだ」「自分は悲しい」「今、嫉妬心が芽生えた」「やる気がない」などと、自分の心に現に起きていることをしっかり監視できるようになります。

瞑想の腕が上がると、自分の心の中身を、壁に貼っているポスターのように明確に理解することができます。短所も長所も、客観的に見えてきます。どんな性格か、どのように改良すれば立派な人間になれるのかが、見えてきます。自分自身が、自分のプロデューサーになるのです。

瞑想Q&A

慈悲の瞑想

Q「私の親しい生命」の幸せを念じる場合、亡くなった人を思ってもいいものでしょうか？

A……人の死は、悲しみをつくり出します。思えば思うほど悲しくなります。「悲しみ」は、「怒り」の別名でもあります。また、「無知」も潜んでいます。

人の死という、人間にはどうしようもないことに対して怒り、不満を述べるのが悲しみです。つまり、怒りという負の感情で心を満たしていることになります。

慈悲の瞑想の対象は、あくまでも「生きとし生けるもの」です。「亡くなった人」は、生きている生命ではなく、「自分の思い出」が対象となってしまいます。

仏教では輪廻転生《りんねてんしょう》を説きます。人は死んだら、すぐ別の生命に生まれ変わります。

亡くなった人に対して、いつくしみを持っても、すでに別の生命になっているので、願いは届きません。

「宇宙が幸せでありますように」と念じるようなもので、意味がありません。慈悲の瞑想は、「生命が幸せでありますように」ということに意味があります。「生きとし生けるもの」の中には当然、故人が生まれ変わった生命も含まれているので、とくに亡くなった人を思い浮かべなくても大丈夫です。

慈悲の瞑想

Q 「幸せになる」ということは、つまるところどういうことなのでしょうか？

A…… 幸福になることは、仏教の目的でもあります。現在「仏教」と呼ばれているものは、ブッダの教えである「幸福の道」をまとめたものです。仏教ではそれを大きく4箇条に整理し、「四聖諦」と呼んでいます。

1番目の教えは、「生きることは苦（ドゥッカ）である」ということ。この場合の「苦」とは「空しい、不安定」というような意味で、執着するようなものではないということです。生きる人が確実に得られるものは、「老・病・死」です。そして、愛するものから離れなくてはいけないこと、嫌なものに出会わなくてはいけないこと。ほしいものを得られないこと。それらが生きることです。要するに、生きることは苦である、ということなのです。

2番目の教えは、「なぜ苦しみが生まれるのか」ということ。何をしても、ものたりないという気分が常にあることと、生き続けたいという希望があること。これは、生に対する愛着です。しかし、一切は無常なのでその希望は叶いません。何を得ても、それらは無常なのでなくなります。ですから、何かを得ても不満は消えません。不満が増すばかりの「生きること」に対する愛着を、ブッダは「渇愛」と名づけています。

3番目の教えは、苦が消えた幸福な状態について。涅槃《ねはん》、平安、安穏などの言葉で表現されている境地のことです。

4番目の教えは、苦しみから逃れ、完全な平安、安らぎ、幸福に達するための具体的な方法について。仏教の目的は、あらゆる苦しみから脱出して、究極の幸福に達することなのです。

ヴィパッサナー瞑想

Q 瞑想中に「怒り」の感情が出てきましたが、この原因を調べる必要はありませんか？

A……原因は、そのうち見えてきます。負の感情が見えてくるのは、観察がうまくいっている証拠です。分析したり、原因を詮索したりするのは、それ自体が雑念になってしまいます。また、「怒りを抑えよう」「欲を抑えよう」「怒りの原因を探ろう」などと考え始めると、思考の渦が湧き起こって止まらなくなります。

瞑想は、2段階のプロセスでこのような感情をほぐして蹴散らしていきます。第1段階はデータ集めです。これがヴィパッサナー瞑想です。心で実際に起きていることを観察します。

第2段階は因果関係の発見です。第1段階で大量にデータを集めれば、一つひとつの現象の関係が見えてきます。その能力によって、因縁法則までわかるようになるのです。

しかし、第2段階よりも第1段階のほうがはるかに重要です。第1段階、つまり瞑想がうまくできれば、自動的に第2段階は達成されます。反対に第2段階に拙速に飛びつくと、妄想にとらわれるので気をつけてください。

ヴィパッサナー瞑想

Q 瞑想中に出てきた、怒りや悲しみが過去の体験によるものでした。誰かに話すことですっきりすると思います。

A……一般には、過去のできごとの因果関係を考えると、自分の主観の判断になります。

たとえば、40歳の人が自分にまったく自信がないと悩んだとします。その原因は、父親が厳しかったせいだと思い込みます。

しかしそれは、自分が父親に対する怒りを妄想の中で続けてきたのだというのが事実なのです。かなり昔、数回程度父親が怒った。その瞬間に、自信がなくなったでしょう。大人になるにつれ、何か難しいことをやらなくてはいけないとき、かつて怒った父親を妄想するかもしれません。毎日、子どもの頃のことを思い浮かべては妄想して、自信を壊すのです。ですから、原因が父親というのは事実ではないのです。原因は、自分の暗い思考です。

その原因の結果は、今の瞬間、自信がなくなることです。このようなやり方で発見することは因果関係ではなく、単なる推測か妄想です。

因果法則を発見する人は、1日前、1週間前、1年前、10年前の原因を探りません。スイッチを入れたら、照明は明るくなりますね。ここに、疑いや推測はありません。スイッチを切ってみます。照明は暗くなります。

こうして、100%の確実性で、「スイッチを入れると照明は明るくなる」という流れを発見できるのです。それが正しい因果関係なのです。

おわりに

本書では瞑想の方法だけでなく、その前提となる仏教のものの見方、考え方などについても詳しく解説しました。

第5章の「心所」で、とりわけ瞑想で発見しなければいけない「貪・瞋・痴」という不善心所について説明しましたが、瞑想はこの不善心所を発見してなくしていくと同時に、清らかな心を構成する、善心所を育てることを目的としているのです。

慈悲の瞑想の「慈・悲・喜・捨」も、ヴィパッサナー瞑想で実践する「気づき（sati サティ）」も、善心所に含まれています（厳密には、慈と捨は違う名称で呼ばれています）。不善心所は、発見してなくすべきもの、善心所は自覚的に育てるべきものです。育ててほしい善心所の中で、最も大切なのは智慧（paññā パンニャー）という心所です。

仏教の修行の目的は、「智慧があらわれること」。仏教でいう智慧とは、ありのままの真理、無常、苦、無我、因縁の法則などを正しく見ることができるはたらきです。智慧は、一般的な善心所とは別に育てなくてはいけない心所です。つまり、清らかな心で生きているからといって、必ずしも智慧が生じるわけではないのです。

ものごとが永久的に続くと思うのは、無知ゆえです。ものごとは瞬間しか成り立たないという無常の真理を理解し、その体験をすることが、智慧を開発する道です。

たとえば人に優しくすることは善いことですが、そこで喜んで終わるのではなく、智慧も育ててもらいたいのです。善いことをしても「これはこの瞬間だけのこと、すべてはすぐに消えていく」という無常の方向で考えてみるのです。そのように考えると、智慧が生まれてきます。人に優しくしたからといって、その人を永久的に助けたわけではないし、自分が永久的な何かを得たわけではありません。

たとえば、人に夕食をごちそうしてあげたとします。それでその人が喜んだとしても、ずっとその人を追いかけて「この前、私はあなたを喜ばせてあげたでしょう。あなたは満腹になったでしょう」などと言い続けるのはおかしいことです。

けれども、無知な人の行動はそれと似ていますね。

ですから無知の人がいくら善いことをしても、大胆な善い結果は得られないのです。智慧がある人が善いことをすれば、確実に善い結果が得られます。

私たちにも、時たま智慧は生まれます。「世の中は無常だ」と思ったりするのは智慧です。しかし、智慧はなかなか心に根づきません。心の中に無知という巨大な木があり、びっしりと深く根を張っていると考えてください。その無知の根の代わりに、智慧の根を根づかせなければならないのです。

そこで、まず無知の木のそばに、智慧の木の種を植えます。種を植えても大きな木のそばですから、日当たりは悪いし、育ちにくくて、なかなか根づきません。日が当たるようにしたり、水をやったり、いろいろとお世話をしてください。そうすると芽が出て、少しずつ根を張っていきます。

智慧の木には、たくさんの善心所がついているので力強いのです。無知の木は大きいけれど、智慧の木よりも弱い。智慧がある程度大きくなると、無知の木は倒れてしまいます。その代わりに、智慧の根がきちんと定着します。そのようにして、智慧で無知を追い払うのです。私たちの仕事は、無知をなくそうとするのではなく智慧を育てようとすること。そうすれば、無知の大木もいずれ弱って死んでしまいます。

ものごとは、めまぐるしいスピードで変化しています。それを頭だけで理解しても、心の中では「ものごとはずっとあるのだ」と思ってしまう。心の波動はあまりにも速いのです。スピードが速ければ速いほど、そこに何かが「ある」ように思えます。

「魂がある」「私がいる」などと思ってしまうのは、心があまりにも無常だからです。実際は、人間の心もすべての現象も、流れている川のように、瞬間、瞬間変化し続ける。そこに実体はありません。それを瞑想体験でしっかりわかることで、智慧が完成します。

本書で解説した瞑想で、あなたには智慧を育てていただきたいのです。そのために、智慧が開発されるための基礎となる、仏教的なものの見方、考え方などを、あえて丁寧に解説しました。瞑想を実践しながら、折にふれてこの本を読み返していただければ幸いです。

2023年6月

アルボムッレ・スマナサーラ

アルボムッレ・スマナサーラ
Alubomulle Sumanasara

スリランカ上座仏教（テーラワーダ仏教）長老。1945年、スリランカ生まれ。13歳で出家得度。国立ケラニヤ大学で仏教哲学の教鞭をとったのち、1980年に国費留学生として来日。駒澤大学大学院博士課程で道元の思想を研究。現在、宗教法人日本テーラワーダ仏教協会で初期仏教の伝道と瞑想指導に従事し、ブッダの根本の教えを説きつづけている。朝日カルチャーセンター（東京）の講師を務めるほか、NHKテレビ「こころの時代」「スイッチインタビュー」などにも出演。著書に『怒らないこと』『怒らないこと2』（だいわ文庫）、『心配しないこと』（大和書房）、『死後はどうなるの？』（角川文庫）、『ブッダに学ぶほんとうの禅語』（アルタープレス）、『ブッダが教える心の仕組み　52の「心所」で読み解く仏教心理学入門』（誠文堂新光社）、『スッタニパータ「犀の経典」を読む』（サンガ新社）など多数。

●デザイン　松倉浩・鈴木友佳
●イラスト　白井匠
●編集協力　児玉光彦
●校　正　メイ
●DTP　EDITEX

考《かんが》えないこと — ブッダの瞑想法《めいそうほう》

2023年8月5日　第1刷発行

著　者　アルボムッレ・スマナサーラ
発行者　佐藤 靖
発行所　大和書房《だいわ》
東京都文京区関口1-33-4　〒112-0014
電話　03(3203)4511

本文印刷　厚徳社
カバー印刷　歩プロセス
製　本　小泉製本

ISBN 978-4-479-01231-3

http://www.daiwashobo.co.jp